# ナベツネ先生 天界からの大放言

読売新聞
渡邉恒雄会長
守護霊インタビュー

大川隆法
RYUHO OKAWA

本霊言は、2012年10月18日（写真上・下）、幸福の科学総合本部にて、
質問者との対話形式で公開収録された。

# まえがき

巨大マスコミで長年君臨していると、様々な批判の銃弾を浴びて、責任を取るかたちで辞職に追い込まれるのが常だ。そのため、マスコミのトップは顔も名前も一般国民に知られていることは少ない。その中にあって、「ナベツネ」こと渡邉恒雄《わたなべつねお》さんは、折々に話題を振りまきながら、不沈戦艦《ふちんせんかん》のように浮かびつつ、自らも砲弾を発射する稀有《けう》な存在である。

ポピュリズム批判程度の本で人生の最後にするのではなく、「人生の達人としての秘訣《ひけつ》」のようなものを何か引き出せないかと思ったのが、私の率直な気持ちだ。私の思い通りのものはつくれなかったが、質問者の関心がジャーナリスティックなところにあったからだろう。私の母より六歳も年上で、かつ、世界最大の新聞の現役主筆であり続けられる人生の先輩に、「本心」から「先生」とつけてしまった次第である。

守護霊意見が、一部、読売新聞の会長としての公的立場とくい違うところもあろうかと思うが、「酒でものんで、若い者たちに話をしたら、こんなこともあるかもね。」ぐらいに思って下されば幸いである。

二〇一二年　十月二十日

幸福《こうふく》の科学《かがく》グループ創始者兼総裁《そうししゃけんそうさい》　大川隆法《おおかわりゅうほう》

# ナベツネ先生　天界からの大放言　目次

# ナベツネ先生 天界《てんかい》からの大放言

## ―読売新聞・渡邉恒雄《わたなべつねお》会長 守護霊《しゅごれい》インタビュー―

二〇一二年十月十八日　渡邉恒雄守護霊の霊示《れいじ》
東京都・幸福の科学総合本部にて

「霊言現象《れいげんげんしょう》」とは、あの世の霊存在の言葉を語り下ろす現象のことをいう。これは高度な悟《さと》りを開いた者に特有のものであり、「霊媒現象《れいばいげんしょう》」（トランス状態になって意識を失い、霊が一方的にしゃべる現象）とは異なる。

また、人間の魂《たましい》は原則として六人のグループからなり、あの世に残っている「魂の兄弟」の一人が守護霊《しゅごれい》を務めている。つまり、守護霊は、実は自分自身の魂の一部である。したがって、「守護霊の霊言」とは、いわば本人の潜在《せんざい》意識にアクセスしたものであり、その内容は、その人が潜在意識で考えていること（本心）と考えてよい。

なお、「霊言」は、あくまでも霊人の意見であり、幸福の科学グループとしての見解と矛盾《むじゅん》する内容を含《ふく》む場合がある点、付記しておきたい。

# ナベツネ先生　天界《てんかい》からの大放言

——読売新聞・渡邉恒雄《わたなべつねお》会長　守護霊《しゅごれい》インタビュー——

二〇一二年十月十八日　渡邉恒雄守護霊の霊示《れいじ》

東京都・幸福の科学総合本部にて

渡邉恒雄《わたなべつねお》（一九二六〜）

東京都出身。東京大学文学部哲学《てつがく》科卒。一九五〇年、読売新聞社に入社、「週刊読売」記者、政治部記者を経て、ワシントン支局長、政治部長、編集局総務、取締役《とりしまりやく》論説委員長、専務取締役・主筆兼《けん》論説委員長、筆頭副社長・主筆等を歴任し、一九九一年、社長・主筆に就任。日本相撲《すもう》協会横綱審議《よこづなしんぎ》委員会委員、日本新聞協会会長などを務める。二〇〇五年、読売新聞グループ本社会長・主筆、および読売巨人《きょじん》軍取締役会長に就任。二〇〇八年、旭日大綬章《きょくじつだいじゅしょう》受章。「ナベツネ」の愛称《あいしょう》で知られる。

質問者　小林早賢《こばやしそうけん》（幸福の科学 広報・危機管理担当副理事長）
綾織次郎《あやおりじろう》（幸福の科学 理事兼「ザ・リバティ」編集長）
矢内筆勝《やないひっしょう》（幸福実現党 出版局長）

［質問順。役職は収録時点のもの］

# 1　メディア界の大御所《おおごしょ》に〝三百六十度放言〟を期待する

## マスコミ人にしては、顔も名前もよく知られている渡邉《わたなべ》会長

大川隆法　ついこの前（九月二十日）、朝日新聞の若宮《わかみや》主筆の守護霊霊言《しゅごれいれいげん》を録《と》り、『朝日新聞はまだ反日か』（幸福の科学出版刊）という本にして出しました。

　そのときに、若宮氏の守護霊のほうから、「私なんかをやらないで、ナベツネさんのほうをやるべきだ」という意見が出されました。

　若宮氏の守護霊は、「二〇〇九年の総選挙では、確かに、『朝日』が総理大臣を決めたけれども、順繰《じゅんぐ》りで、今度は『読売』が次の総理を決めるはずだから、あっちに訊《き》きなさい」と言って、そちらに振《ふ》ったのです。

　私は、それが少し気にかかっていて、「どんな裏事情なのかは知らないけれども、一回、話を訊いてみたいな」という気持ちを持ちました。

渡邉恒雄《わたなべつねお》氏を「ナベツネ」と呼ぶのは、八十六歳《さい》の大先輩《せんぱい》に対して、さすがに、やや失礼に当たりますが、略称《りゃくしょう》というか、通称として広く知られていますので、「先生」を付けて、「ナベツネ先生」と呼ばせていただくことにしました。決して、揶揄《やゆ》するつもりで「先生」を付けたわけではありません。呼び捨てにするのが少し心苦しかったためです。

実際上、『渡邉恒雄の○○』というタイトルでは、逆に分かりにくいだろうと思われます。

ただ、マスコミのトップの場合、名前も顔も分からないことが多いのですが、このナベツネ先生は、読売グループのトップとして、比較《ひかく》的、顔も名前もよく知られているほうだと思います。

それには、巨人《きょじん》軍との関係もあるのかもしれませんが、比較的よく知られていますし、今も、テレビに出たり、ときどき雑誌に寄稿《きこう》したり、本を出したりされています。

## 「読売」を中心とする言論人の本質に迫《せま》ってみたい

大川隆法　八十六歳にして、いまだ現役《げんえき》であり、主筆兼《けん》会長をされていますし、ほかにも、横綱審議《よこづなしんぎ》委員会の委員や新聞協会会長をやっておられたこともあります。そのように、いろいろと活躍《かつやく》しておられます。

そういう仕事は別にしても、八十六歳という年齢《ねんれい》で、まだ、主筆として記事が書けるのですから、頭はボケていないわけです。新しいことを勉強して、精力的に発言し、行動ができる人です。

そういう意味で、私は、ドクター・中松《なかまつ》氏をマスコミに持ってきたようなタイプを想像してしまうのですが、そうとう精力的な方なのではないかと思います。

したがって、この方の仕事特有の論点についても訊きたいけれども、できれば、人生の達人としての秘訣《ひけつ》のようなものまで訊けると、うれしいというか、それを参考にしたいものだなと思っています。

八十六歳という年齢で、メディア界の大御所《おおごしょ》ですから、いろいろな物事が見えているでしょう。

政界についても、現在、ご自分の息子《むすこ》の年齢ぐらいの人が「総理大臣争い」をしているような状況《じょうきょう》なので、「もしかしたら、本当に面接試験をやって決めているのかもしれない」という感じがします。石破《いしば》氏あたりだと、本当に息子ぐらいの感じに見えるだろうと思います。

それから、世の中をどのように見ておられるのか、そのパースペクティブ（視点、見通し）についても訊きたいところです。

また、どの程度、見ておられるかは知りませんが、幸福実現党についても、いちおう認識はしてくださっているのではないかと思いますので（笑）、もし、幸福実現党や幸福の科学に対する感想や意見やアドバイス等を頂けたらありがたいと思います。

この方には、この年齢にして、まだ、「嚢中《のうちゅう》の錐《きり》」のようなところがあり、袋《ふくろ》から錐の先が突《つ》き出るように、能力が出てくるところがあります。読売新聞のトップという以外の部分にまで能力が出てくるのです。

したがって、今日は、〝三百六十度放言〟ということで、世相、その他について言っていただけることがあれば、何でも聴《き》かせていただき、それを参考にしたいと思っています。

この本を出すことによって、万が一《いつ》、「渡邉恒雄氏は、もうご帰天《きてん》されたのだ」と思われて、読売新聞社のほうに香典《こうでん》や問い合わせ等がたくさん来るようなことがあった場合には、失礼をお許し願いたいと思います。

決して、渡邉恒雄氏があの世に逝《い》くのを待ち切れずに、守護霊霊言を録ろうとしているわけではございません。そのへんは、あしからず、ご了承《りょうしょう》願いたいと思っています。

「前置き」が長くなりましたが、それでは、「朝日」に対して、「読売」を中心とする言論人の本質に迫《せま》ってみたいと思います。

渡邉恒雄読売グループ代表取締役《とりしまりやく》会長・主筆の守護霊よ、どうか、幸福の科学総合本部に降りたまいて、われらに忌憚《きたん》ないご意見をご開陳《かいちん》くださいますよう、心よりお願い申し上げます。

渡邉恒雄会長・主筆の守護霊よ、朝日新聞のほうにもお訊き申し上げましたので、どうか、心置きなく、本心をお語りください。

また、どのような放言に近い発言でありましても、今までの業績から見て、すでに許される立場にあるのではないかと推察いたしますので、本質を突いたことを隠《かく》さずに言ってくださることを、心よりお願い申し上げたいと思います。

渡邉恒雄氏の守護霊、流れ入《い》る、流れ入る、流れ入る、流れ入る、流れ入る、流れ入る、流れ入る、流れ入る、流れ入る、流れ入る……。

（約二十秒間の沈黙《ちんもく》）

# 2　次の選挙をどう読むか

## 『朝日新聞はまだ反日か』の出版をほめる渡邉恒雄守護霊

渡邉恒雄守護霊　あぁ、俺《おれ》の番かあ……。

小林　おはようございます。

渡邉恒雄守護霊　なんか、「帰天《きてん》第一声！」みたいに感じるなあ。

小林　いえいえ。とんでもないです。

渡邉恒雄守護霊　いやあ、嫌《いや》な感じだ。年齢《ねんれい》が年齢だけに、なんか、ちょっと、「帰天第一声」のように聞こえるなあ。

小林　いえいえ。もう……。

渡邉恒雄守護霊　なんか、「先月、亡《な》くなって……」なんていう感じに見えないか。ああ？

小林　本日は、幸福の科学の総合本部にお越《こ》しいただき、本当にありがとうございます。

渡邉恒雄守護霊　うーん、なんか、ちょっと嫌な予感がしないでもない。

小林　いえいえ。決して、そういうことはございません。

渡邉恒雄守護霊　うーん、そうかなあ。

小林　（『朝日新聞はまだ反日か』を手に取って）実は、先般《せんぱん》、こちらの本にもございますとおり、渡邉会長がよくご存じの……。

渡邉恒雄守護霊　おお、おお。

小林　朝日新聞の……。

渡邉恒雄守護霊　ようやった！　ようやった！　うん。

小林　ありがとうございます。

渡邉恒雄守護霊　ようやった。それは、ようやったぞぉ！　うん。スクープだな。

小林　ええ。それで、若宮《わかみや》主筆の守護霊のほうからも……。

渡邉恒雄守護霊　うんうん。あんな、「ガキんちょ」はなあ、しっかり叩《たた》いとかないと駄目《だめ》だよ。

小林　若宮主筆の守護霊から、「まずは、渡邉恒雄会長にお訊《き》きするべきだ」というアドバイスもございましたので……。

渡邉恒雄守護霊　大先輩《せんぱい》だからなあ。

小林　ええ。

渡邉恒雄守護霊　当ったり前だな。

## 「天界《てんかい》からの大放言」の趣旨《しゅし》について

小林　本日は、せっかくの機会でございますので、ぜひ、大先輩である渡邉会長の守護霊様には、「天界《てんかい》からの大放言」をお願いしたいと思います。

渡邉恒雄守護霊　「天界」って、これは、どういうこっちゃろうなあ。

小林　まあ、守護霊様でいらっしゃるご自覚は、十分にお持ちだと思いますので。

渡邉恒雄守護霊　まあ、そうなんだ。あ！　分かった、分かった、分かった。

要するに、「『朝日』の場合は、守護霊であることを認識しておらんために、霊界の認識が足りず、本人にベッタリくっついて、憑依霊《ひょういれい》というか、悪霊との区別がほとんどつかない守護霊であったが、『読売』のほうは、悟《さと》りが進んでおるからして、本人から遊離《ゆうり》して、天上界《てんじょうかい》に自由自在に行き来し、高天原《たかまがはら》から見るように、この地上を見ておるであろう」と、まあ、こういう趣旨《しゅし》が、「天界からの大放言」ということなのかな。

小林　ええ。まさに、そういう趣旨でございます。

渡邉恒雄守護霊　「大放言」のところに、まだ、問題が若干《じゃっかん》あるんだけど……。

小林　それはですね……。

渡邉恒雄守護霊　「ご聖訓」とか、こういうのではどうかな。うん？

小林　「読売」の会長であるとか、そういうお立場に関係なく、世の中のいろいろな現象に関して、ご意見をお持ちであろうという趣旨でございます。

渡邉恒雄守護霊　うん。そうよ！

小林　それで、〝三百六十度大放言〟ということで……。

渡邉恒雄守護霊　ほおぉ！

小林　本日は、さまざまなテーマに関して、インタビューさせていただければと思います。

渡邉恒雄守護霊　うーん……。君らも、最近、なかなか腕《うで》を上げとるからなあ。気をつけんといかんな。メディア界では、ちょっと、「激震《げきしん》を走らせる幸福の科学」っていうので、毎月、話題を撒《ま》いとるからなあ。

小林　いえいえ。とんでもないです。

渡邉恒雄守護霊　いやあ、スクープされてたまるものか。八十六で、シチュー鍋《なべ》でグツグツ煮《に》られたら、それはたまったもんじゃねえからさ。そうはいかんぜ。メディア界の先輩だからなあ、そうはいかんぞ。

小林　はい。

渡邉恒雄守護霊　逆取材してやるからな（会場笑）。

## 「次の衆院選でどこが勝つか」は、解散の時期による

小林　さっそく本題に入らせていただきますが、先般、若宮主筆の守護霊に、今の政局に関してお尋《たず》ね申し上げましたところ、「いや、次の政権を決めるのはナベツネさんだよ」とおっしゃいました。

渡邉恒雄守護霊　あいつはねえ、人のせいにするんだよ。いざとなると、人に振《ふ》るんだ。自分の責任が問われると思ったら、パッと振るんだよ。

これが左翼《さよく》系の本質だよ。うーん。

小林　確かに、前回の二〇〇九年の総選挙のときには、客観的に見ても、朝日新聞

が主導したように見えました。

渡邉恒雄守護霊　うーん。まあ、そうっかな。うん。

小林　まあ、どこまで本心か分かりませんが、「今回は、一回お休み」ということでした。

渡邉恒雄守護霊　いや、「読売」にそんな力があるはずはないでしょう。

小林　いえいえ。何せ、世界最大の発行部数を誇《ほこ》る読売大新聞でございますので。

渡邉恒雄守護霊　いやあ、幸福の科学の信者が、全員、読売新聞を買ってくれたら、そのくらいの力が出てくるかもしらんが、まだ、いろんな各紙をバラバラに取ってるような感じがするからさあ。

「朝日なんかやめて、全員、読売を買え」と、総裁から指令が出たら、そりゃあ、ちょっと、そういうふうな権力者の意識が出てくるかもしらんなあ。

小林　ええ。ずばり、次の衆議院選の勝敗の見立ては、どちらのほうだと見ておられますか。

渡邉恒雄守護霊　まあ、時期にもよるわなあ。時期によるよ。

それはもう、お互《たが》いに分かってるんじゃない？　支持率の変化を見て、いつの時期に解散するか、今、綱引《つなひ》きしてるんだろ？

だから、野田《のだ》……総理か？　「野田君」って言ったら、やっぱりまずいのかなあ……。

小林　いえいえ。ご自由に発言いただいて結構です。

渡邉恒雄守護霊　あんなの、「野田君」だよなあ。

小林　ええ。

渡邉恒雄守護霊　「野田君」だよな。まだ老人の域には行ってない。青年だよな。野田君も、首相官邸《かんてい》から、なかなか外へ出られんようになっとるらしいじゃないか。かわいそうになあ。

もう、籠《こ》もっとるらしい。一人酒でも飲んでるんじゃないか？

人と会うと、「物言えば　唇《くちびる》寒し　秋の風」かなんか知らんけど、まあ、そんな感じかな。

小林　ええ。それで、自民党のほうに関しては、いかがでございましょうか。

渡邉恒雄守護霊　ああ、自民党は、安倍《あべ》も二回目だからさ、「出がらし」と言われて攻撃《こうげき》を受けるだろうね。

総理になりたい人が、ほかにいっぱいいるのに、「また安倍かあ」っていうの？これは、本来、不文律としては許されないことだからな。二回目の総理っていうのは、よっぽどの人材難でもなければありえないことだからね。

まあ、安倍は総理になるかもしらんけど、なってからあとは、「釣瓶《つるべ》落としの夕日」を見るように、落ちるのは速いだろうなあ。

## 「とにかく解散を先延ばししよう」と時間を稼《かせ》ぐ野田《のだ》首相

小林　最近の世論《よろん》調査では、「次の選挙では、どう転んでも、少なくとも第一党は自民党であろう」というのは、ほぼ、衆目の一致《いっち》するところかと思います。今の流れとしては、大きくはそちらのほうに流れているという……。

渡邉恒雄守護霊　そんなことはないんじゃないの?

小林　「そうではない」ということですか。

渡邉恒雄守護霊　なんか、「源義経《みなもとのよしつね》の霊言《れいげん》」っていうのがあるらしくて(『公開霊言　天才軍略家・源義経なら現代日本の政治をどう見るか』〔幸福実現党刊〕参照)、「次の総理には、立木《ついき》党首がなる」っていう話もあるんじゃない?　え?

小林　ええ。そういう可能性もございますけれども。

渡邉恒雄守護霊　解散を二十年ぐらい延ばしたらね。

小林　はあ（笑）（会場笑）。

渡邉恒雄守護霊　ええ？

小林　そうなりますと、憲法改正をしなければいけませんので。

渡邉恒雄守護霊　ハハハハハ。ハッハッハッハッハッ……。まあ、そうだねえ。ただ、今は、ちょっと抵抗《ていこう》してるからね。首相官邸が抵抗勢力になってるからさ。いかにして解散を先延ばしするかで、あの手この手を練っておるところだ。今、「早く解散すればするほど損になる」ということは分かってるからな。だけど、「嘘《うそ》つき」と言われるのも嫌だしなあ。

まあ、予算が人質《ひとじち》に入っとるし、一人当たりの票の格差について、「違憲《いけん》状態だ」

という判決も出てるから、その国会審議《しんぎ》をしないかぎり、やっぱり、選挙をするのは、今、ちょっと厳しいよなあ。
だけど、審議に応じたら、解散を迫《せま》られるか、辞職を迫られることになるんでな。だから、もう、「何とかして逃《に》げ延びよう」として、時間を稼《かせ》いでるよな。
今、十月の、何？　十……。

小林　十八日でございます。

渡邉恒雄守護霊　十八だろ？　まだ国会が開かれないっていうのは、これはもう、非常に……。

小林　ええ。珍《めずら》しいケースですね。

渡邉恒雄守護霊　珍しいよなあ。

## 「近いうちに解散したら、民主党の負けは確実」と見ている

小林　そういう野田《のだ》さんのスタンスに関しては、どのようにお考えでしょうか。

渡邉恒雄守護霊　いや、それは野田が延ばしてるんだと思うよ。

小林　ええ。「それが是《ぜ》か非か」ということについては？

渡邉恒雄守護霊　いやあ、「年が変わったら、気分が変わるんじゃないか」と思って、年を越そうとしていて、その間に、打つ手があれば打とうとしてるんだと思う。だから、それは、「義経霊言」がなんか言うとるように、意外に、「野田は粘《ねば》って解散を延ばす」っていう読みは、当たりだよね。そういう性格だな。うーん。

小林　情勢分析《ぶんせき》としては、そうかと思いますが……。

渡邉恒雄守護霊　「是か非か」って？

小林　ええ。

渡邉恒雄守護霊　まあ、それは、「敗軍の将として、どのくらい負けたいか」っていう質問だよな。「どのくらいの負けで、退陣《たいじん》したいか」っていうことだけど、それは、本人なりの美学だよな。

小林　それでは、もう、負けであることは読んでいるわけですね。

渡邉恒雄守護霊　まあ、それは、ほんとに近いうちに解散をやったら、負けは確実だわな。それは負けだよ。

ただ、例えば、一年延ばせたら、その間に何が起きるかは分からない。半年でも分からないし、三カ月でも、何かが起きる可能性はある。その間に「予想外のこと」がな。

例えば、自民党から、いろんなスキャンダルや失脚《しっきゃく》ネタが出ることもあれば、外国の問題？　ヨーロッパやアメリカ、あるいは、韓国《かんこく》や中国の問題等で、何かが起きるかもしれない。

まあ、そういうことがあるので、「一日でも時間を稼ぎたい」っていうところだろうなあ。

## 霊界《れいかい》にいる「安倍《あべ》総裁の守護霊」も野田《のだ》首相を攻《せ》めあぐねている

小林　仮に、ある程度、野田《のだ》さんが追い込《こ》まれていったとして、そう遠くないタイミングで選挙があり、過半数を獲《と》るかどうかは分かりませんけれども、自民党が第一党になり、自民党を中心に政権が組まれた場合は、自動的に安倍《あべ》さんが総理ということになります。

そうなったときの渡邉会長のスタンス、あるいは、それに対する立ち位置については、どのようにお考えでしょうか。

渡邉恒雄守護霊　いや、でもね、そんなに簡単ではないよ。

野田さんはだなあ、年内に予算案を何とか通すことにかこつけて、前回、谷垣《たにがき》（谷垣禎一《さだかず》前自民党総裁）にやったのと同じ手を、もう一回使おうとするだろう。「とにかく、予算案だけ通させてくれれば、近いうちに解散する。ただ、その期日については、総理大臣の特権だから、それだけは明らかにできない」とか言って合意を取り付けて、予算案を通してしまったら、当然ながら、次は三月まで粘ることを考えるよ。

　だから、そんなに甘《あま》くはない。安倍さんの交渉力《こうしょうりょく》の問題だけども、正直言って、霊界《れいかい》では、安倍さんの守護霊も、谷垣さんと同じぐらい苦しんでるわなあ。

　わしが、この前、聞いた話では、「立木党首が、自分（安倍晋三《しんぞう》守護霊）とだけ対談するのは不公平だ。ぜひ野田さんの守護霊とも党首討論をやってもらって、『どこが駄目か』という攻《せ》めどころを、天下にオープンにしてもらいたい」という依頼《いらい》が、もう、安倍総裁の守護霊から入っとるっていう話だからね（会場笑）。

　「安倍総裁の守護霊から、大川総裁にそういう依頼が入ってる」ということはだね、「安倍さん自身が攻めあぐねておる」っていうことだよな。実は、なかなか攻め切れないでいるんだ。

　だから、今の時点では、ほんとに解散があるかどうかは分からんよ。

　年末を粘り越したら、春まで粘り、春まで粘ったら、次は衆参同時選にもっていくと称《しょう》して、「初夏のころに景気が少しでも上向かないかな？」とか考えて粘っていき、最後の期日というか、任期いっぱいまでは行かない手前ぐらいのところで勝負をかけようとするだろう。

「ちょっと何かを上向きにしてから勝負をかけたい。その間に、何かが起きないかな」という考えだな。ずーっと、そういう念力を張ってるね。

小林　その場合は、公明党がキレますよね。

渡邉恒雄守護霊　公明なんて、実際、ほとんど相手にしてないんじゃないの？　公明党にはねえ、選挙の臨戦態勢を敷《し》いてから、もつ年限っていうか、日数があるからね。

おたくも一緒《いっしょ》だよな。映画をやったら宗教活動が止まるので、映画がヒットしても、だいたい一カ月ぐらいで終演するみたいじゃないか。なあ？　同じだよ。あそこも、選挙態勢を敷いたら宗教活動が一切《いっさい》できなくなるので、早くやってほしいわけよ。

年内解散なら、「自民は二百五十、民主は百三十、維新《いしん》は数十だ」

小林　お話を伺《うかが》っておりますと、「読売としては、今のタイミングでは、なるべくコメントを出したくない」、あるいは、「見解を述べたくない」というようにお見受けするのですが。

渡邉恒雄守護霊　うーん……。いや、出してもいいよ。出してもいい。まあ、ほんとは、十月頭に国会を召集《しょうしゅう》して冒頭《ぼうとう》解散になるのを、自民はいちばん望んでたわね。「近いうちに」っていう話は、あれは八月だったかな？

小林　はい。

渡邉恒雄守護霊　「近いうちに」っていう約束から見れば、「十月の頭に召集し、冒頭解散を打って、信を問う」ということだね。まあ、それを狙《ねら》ってたと思うね。

今、それを延ばしてるけども、「今、解散したらどうなるか」っていうと、まあ、今なら、自民党が二百五十は獲るよ。議席数をいじらなければね。最高裁の「違憲状態」判決があるけども、議席数をいじらなければ、たぶん半分の二百五十は行くね。

民主は、おそらく、百……、百三十……ぐらいかな。年内にやったらね。

だから、「自民が二百五十、民主が百三十」っていうところかな。

それで、維新《いしん》の会は、いろいろと週刊誌が持ち上げたりしてるけども、朝日、読売とも、そんなに応援《おうえん》してないので、尻《しり》すぼみになってくるだろう。だから、これが第一党になったりするようなことは、たぶんないと思う。

まだちょっと、短期間でどれだけ変動するかは分からないけど、維新の会は数十のレベルにとどまるはずだね。数十ぐらいで、たぶん止まると思う。

小林　維新の会に関しては、読売新聞でも、かなり厳しい論調を張っておられるようにお見受けします。

渡邉恒雄守護霊　ああ、厳しくなってる。ということは、要するに、新聞社も、次の政権構想に、もうかかってるわけよ。

あ、いやあ、もうばれちゃった（会場笑）。

いちおう、「どういう政権にしたほうが、来年以降、よくなるか」っていうことを考えてるわけだ。

「かき混ぜ要員」の維新《いしん》の会には、絶対に百議席も獲《と》らせてはいけない

小林　今日は、ぜひ、そのあたりのところをお聴《き》かせいただきたいと思います。

渡邉恒雄守護霊　だから、「維新《いしん》の会が、『かき混ぜ要員』として、どこまで尻尾《しっぽ》が

頭を振り回すようなことをしていいのか」っていうところだな。新聞社のほうの選《せん》択《たく》や応援については、やっぱり世論《せろん》の批判を受けるからさ。

いや、君たちみたいなのが、あとから批判してくるからさあ。来年の批判を予想して、「どの程度にしておくか」っていうことは、いちおう決めなきゃいけないわけよ。

小林　そうすると、攪乱《かくらん》要員としての維新の会を脇《わき》に置いた場合に……。

渡邉恒雄守護霊　うん。だから、百を超《こ》えさせちゃいけないね。絶対に、百は超えさせちゃいけない。

ただ、面白《おもしろ》がってる面もあるので、ちょっと持ち上げる要因があったら、ある程度、議席を獲《と》るかもしれないけど、まあ、俺の予想としては、維新は、うーん……、五十行くかなあ、どうかなあ。

まだまだ攻撃が続くので、それまで橋下《はしもと》がもつかどうか分からないけど、まあ、五十も獲れればいいほうかな。もしかしたら、そこまで行かないかもしれない。

小林　そうですね。その場合は、ほとんど、公明党レベルの規模になってきます。

渡邉恒雄守護霊　いや、公明は、もうちょっと少なくなります。

## 幸福実現党に最低でも十五議席は獲《と》らせたい

小林　そうしますと、先ほど、「来年に向けての政権構想を練っている」とおっしゃいましたが、この国の行く末を考えたときに、どういった政権をイメージされているのでしょうか。今、構想中でいらっしゃるとは思いますが、その一端《いったん》なりとも教えていただければと思います。

渡邉恒雄守護霊　うーん、だから、時期によって違《ちが》うからね。

要するに、自民が最初に狙っていたのは、十一月上旬《じょうじゅん》の総選挙で、今は、十二月の上旬ぐらいを考えてるところだな。まあ、これも野田に逃げられようとしてるところだけど、もし、それがあったとすれば、たぶん、自民が二百五十、民主が百三十。これで三百八十か？　残りは百ぐらいか。

維新が五十ぐらい獲《と》るから、あとは、残り五十だね。

公明が、うーん……、四十行くかなあ、行かないかなあ。うーん、行かないかもしれないけど、「三十台から四十まで行くか行かないか」というところだろうね。まあ、あそこには、今、特に存在意義がないので、人気がないんだよ。だから、そんなに票は集まらないとは思ってる。たぶん、「維新のほうに公明が少し食われる」と思うな。

そして、あとは、共産党とか、そんなのが、ポロポロ、チョロチョロッと獲って、残りは幸福実現党に差し上げたいところだなあ。

まあ、わしの気持ちだよ。ほんの気持ちだ。まあ、挨拶《あいさつ》代わりに、ほんの気持ちだけども、年内解散で、十二月ぐらいの選挙だったら、幸福実現党に、最低十五ぐらいはやりたいなあ。

小林　ぜひ、お願いしたいと思います。

渡邉恒雄守護霊　ああ。

小林　読売の紙面上でも、そういう取り扱《あつか》いをしていただきまして……。

渡邉恒雄守護霊　最低十五、マックス二十五ぐらいの範囲《はんい》は、やりたいなあ。

小林　ぜひ、特集記事のほうもよろしくお願い申し上げます。

## 「大川さんの発言には学問的裏付けがある」という認識

渡邉恒雄守護霊　いや、ほんとは、もうちょっと議席があったほうがいいんだけどさ。周りの警戒念《けいかいねん》が強いから、そんなには獲らせてくれないんだけど、やっぱり、「政党として、もうあってもいいかな」って、わしは思うね。

いやあ、君ら、いいことを言ってるよ。一貫《いっかん》して、いいことを言ってるし、実体も伴《ともな》ってきたじゃないか。

言論能力もあるし、はっきり言えば、ほんとは「維新」より上でなければいけないとは思うよ。組織もあるし、言論的にも内容は揃《そろ》っておるしさ。「維新」の橋下も、断定的に、面白いことをパシーッと言うから、あれで人気があるんだろうけどね。

まあ、大川さんも断定的におっしゃるようだけども、橋下のほうは、やっぱり、いわゆるポピュリズム（大衆迎合《げいごう》主義）的に、人気狙いの詭弁《きべん》をパッと言うわな。

　だから、人気を取るために、けっこう思いつきで、言うことがどうにでも変わるようなところがある。大川さんも、断定的には言うけれど、この人は人気取りでは言っていないし、言ってることをずーっと検証していけば、学問的にも裏付けがあるっていうか、しっかり勉強なされていることぐらいは分かるんでね。

　だから、こちらのほうが、よっぽどしっかりはしてるわなあ。

# 3 「幸福実現党」についての見解

## マスコミ各社は、幸福実現党に一目置いている

綾織　そうであるならば、読売新聞社としても、もう少し幸福実現党について報道してもよいのではないかと思うのですが。

渡邉恒雄守護霊　いや、だから、政党としての実体が、もうちょっとないとさ。まだ、宗教活動の一環《いっかん》でやってるように見えるところが多いからさ。

綾織　私たちが二〇〇九年に主張していたことが、三年たって、今、現実に展開してきているわけですから。

渡邉恒雄守護霊　うーん、まあ、それは……。それは手柄《てがら》だな。

綾織　やはり、その部分については、メディアとして、ある種の反省というものが必要なのではないかと思います。

渡邉恒雄守護霊　うん。それは、今、全体に浸透《しんとう》はしてきてるよ。だから、一目は置いてるよ。「朝日」「読売」から始まって、まあ、「産経」は大喜びしてるとは思うけども、それ以外のテレビ界や、週刊誌？　今はちょっと喧嘩《けんか》してるのかもしらんが、「文春」や「新潮」みたいなところだって、一目も二目も置いているというか、「やっぱり、すごいなあ」と思ってるし、講談社系の「現代」とか、小学館系の「ポスト」とか、その他の週刊誌で、「今のところ敵視されてない」と思ってるところには、はっきり言って、けっこう追随《ついずい》してる面もあるわな。

だから、一定の地位を築きつつはあると思う。

でも、今のところ、それは、まだ言論主体の勢力としての地位であって、いわゆる政党としての活動の実体が、国民全体に認められるところまでは、まだ行ってないっていう感じかな。うーん。

## 「幸福実現党に対する報道姿勢」は失敗だった?

矢内　幸福実現党出版局長の矢内と申します。

渡邉恒雄守護霊　うーん。

矢内　あの……。

渡邉恒雄守護霊　脱藩者《だっぱんしゃ》か。

矢内　いえ。

渡邉恒雄守護霊　「脱糞《だっぷん》」か、「脱藩」か、知らんけどさ。ハハハハハ……。

矢内　以前、朝日新聞の記者をしておりました。

渡邉恒雄守護霊　うん。朝日なんて、やっぱり「脱糞」だな。ハハハハハハ（会場笑）。「大放言」だから、まあいいや。

矢内　「幸福実現党が、今、存在価値をしっかりと認めていただき始めている」ということなので、とてもありがたく思うのですが、ただ、私どもが、ずっと感じていますのは、やはり、マスコミの報道姿勢の部分です。

渡邉恒雄守護霊　ああ、厳しいなあ、君は。おおおお！　これは襟《えり》を正さないといかん。

矢内　まあ、朝日新聞は、ずっと左翼《さよく》の路線で来ておりますので、やむをえない部分もあるかなとは思うのですが、ただ、今、少しおっしゃっていただいたように、読売新聞は……。

渡邉恒雄守護霊　まあ、俺《おれ》んところも、よく失敗があるんだ。誤報はあるから、許してくれ。

矢内　はい（笑）。

渡邉恒雄守護霊　もう先に言っとくわ。それは、もうやめような。今日、それを追《つい》及《きゅう》するのはやめよう。そのテーマはやめような（注。読売新聞は、二〇一二年十月十一日付朝刊に掲載《けいさい》した「人工多能性幹細胞《かんさいぼう》（iPS細胞）の臨床治療《りんしょうちりょう》」に関連する記事に誤りがあったことを認め、十三日付朝刊に、「おわび」を掲載した）。

## 今上《きんじょう》天皇と雅子《まさこ》さまの守護霊本を見て安心した保守勢力

矢内　渡邉会長は、ずっと、愛国心のところをおっしゃっていましたよね。

渡邉恒雄守護霊　ああ、ああ。うん。

矢内　「日本という国は、日米同盟を基本にしながら、しっかりとした独立国家にならなければいけない」ということをおっしゃっていて、いろいろな動きはあったとしても、基本的には、そういう流れで、渡邉会長は読売新聞を率いてこられたと思うのです。

渡邉恒雄守護霊　うん。だから、君らはねえ、あまり話題になってないけどさあ、『今上《きんじょう》天皇・元首の本心』か？　それと、雅子《まさこ》さまの本（『皇室の未来を祈《いの》って』〔いずれも幸福の科学出版刊〕）を、なんか出しただろ？

まあ、もちろん、宣伝も出ていないし、評判にもなっていないし、みな黙《だま》ってはいるけども、あれは出しといてよかったよ。要するに、日本神道《しんとう》は、日本の底流をなす基礎《きそ》部分だからね。はっきり言えば、ほんとの意味の国教だよね。

だから、その国教勢力のほうは、「幸福の科学は敵ではない」という認識をいちおうしたのでね。そういう意味で、自覚してるかどうかは別として、「日本の国体を守りたい」と思ってる保守勢力は、あの二冊を見て、ちょっとホッとしたんじゃないかなあ。

## 「朝日」の改革は構わないが、「読売改革」を言われると困る

矢内　そういう意味では、幸福実現党が一貫《いっかん》して主張しているように、国難を打破すべく、日本が独立国家としてしっかりと立ち上がらなければいけない時代が、今、来ております。

そこで、さまざまなマスコミのなかでも、渡邉会長率いる読売新聞は、幸福実現党の路線とも近いので、国難を打破するために、ぜひ、一肌《ひとはだ》脱《ぬ》いでいただいて……。

渡邉恒雄守護霊　いやあ。

矢内　マスコミ改革の先陣《せんじん》を切っていただきたいと思います。

渡邉恒雄守護霊　マスコミ改革で、「読売改革」を言われたらどうするんだよ。こ

こから来たらどうする？　「まず、いちばん大きいところから行きましょう」って言われたら、どうするんだ？

「朝日」を改革するのは構わないよ。

矢内　そうですね。

渡邉恒雄守護霊　もし、読売改革から始まったらどうするんだ？　大川さんは鋭《するど》いからさあ、マスコミが消費税上げで財務省とつるんでるのを見抜《みぬ》いて言ってたよな。「どうせ、『新聞は公共性が高いから、自分たちだけは消費税増税の対象外にしてくれ』と言うだろう」って言ってたけど、そのとおりに言ってるからさ（会場笑）。

もう、とっくの昔に読まれてるのでね。

## 「新聞だけ軽減税率」の矛盾《むじゅん》は自覚している

小林　今日は、新聞の軽減税率に関する話題には触《ふ》れないでおこうかと思っていたのですが、そちらから話を振《ふ》られましたね（会場笑）。せっかくですので、それについてはいかがでしょうか。

渡邉恒雄守護霊　ああ……。どうせ言われるだろうと思ってたからさ。やっぱり、「知識に税金をかけてはいけない」という論理が通らないのは、俺も知ってるよ。本にだって消費税はかかってるからな。あんたがたの出してる本で言えばさあ、それは「ご神示」だよな。ご神示みたいな本を出しても、消費税がかかってるんだよな。

それなのに、「なぜ、記者が書いた新聞記事には（税金が）かからないのか」って言われれば、それがおかしいということは、俺も認めるよ。それは、おっしゃるとおりだ。まさしくそのとおりだ。うん。

小林　そういうお考えであれば、この際、申し上げたいことがあります。すでに増税法案は通ってしまいましたが、実際には、「景気条項《じょうこう》」によって、「一定の経済状況《じょうきょう》の好転が見込《みこ》めなければ増税は実施《じっし》しない」という歯止めがかかっていますので、この法律を施行・発動させなければ、そもそも、「新聞だけ軽減税率を適用」などといった、ややこしい議論をせずに済むのではありませんか。

渡邉恒雄守護霊　うーん、新聞だけ軽減税率……（苦笑）。まあ、（新聞社は）値上げも一斉《いっせい》にするし、休刊日も一緒《いっしょ》に取るしな。あれは、はっきり言って、談合してるよな。本当は、俺たちも、「ちょっと恥《は》ずかしいな」とは思ってるんだけど、いちおうは言ってみないといかんしな。

## 「権力をチェックする宗教」幸福の科学は畏《おそ》るべし

渡邉恒雄守護霊　いちおう、メディアも「政治の一部」なんだよ。マックス・ウェーバーが言うとおり、「政治の一角《いっかく》を担《にな》ってる」という意味では責任がある。だから、単に批判するだけでよければいいんだけども、日本の新聞は大きすぎるんだよな。アメリカでもこんなに大きな新聞はないからさ。読売なんて世界最大だよな。

この小さな島国が、そんな世界最大級の新聞を持ってるわけだから、はっきり言って、ほかの国の新聞と比べても、力が強いんだよ。

「全国の県を押《お》さえてる」なんていう新聞のある国は少ないよな。一県だけの範《はん》囲《い》だったら、そこ以外には通らないけど、(日本の大手新聞は)ある意味での洗脳を全国民にかけられるわけだ。

だから、「権力のチェック」は必要だよ。

ただ、それを、君らのような宗教がやり始めているっていう恐《おそ》ろしい現象が起きてるんだな。俺だけじゃなくて、週刊誌から新聞からテレビまで含《ふく》めて、マスコミはみんな、「幸福の科学、畏《おそ》るべし」って怖《こわ》がってるよ。

# 4 「歴史認識」について問う

## 「できるだけ戦争を回避《かいひ》したい」は朝日・読売の共通認識

小林　今、渡邉会長の守護霊がおっしゃった趣旨《しゅし》でいきますと、まさか、新聞社を「スタンダード・オイル」（独占《どくせん》禁止法によって解体されたアメリカの石油会社）のように小さく分割《ぶんかつ》するわけにもいきませんので、やはり、論調、主張において、この国をよき方向へもっていってくださるのがよいのではないでしょうか。

それは、結果として、幸福実現党の政策の方向性と似てくる、あるいは、ほぼ一《いっ》致《ち》してくる感じになるかと思います。

ここで、さまざまなマスコミ関係者の疑問を代弁して、あえて質問させていただきたいのですが、先ほどの「消費税」とは別に、「国防」や「対外関係」についてはいかがでしょうか。今、こうして伺《うかが》っている主張と、読売新聞の一般《いっぱん》的な保守的論調とを比べたときに思い出しますのが……。

渡邉恒雄守護霊　君、宣伝が長いよ。

小林　何年か前に、読売が朝日の若宮《わかみや》主筆と組み、首相の靖国参拝《やすくにさんぱい》問題に絡《から》め、「いわゆる〝歴史認識の是正《ぜせい》〟はけしからん」といった、かなり強烈《きょうれつ》な大論陣《だいろんじん》を張ったことです。

それが、朝日だけならともかく、読売まで論陣を張ったことに、多くの人が違和《いわ》感《かん》を覚え、それが、渡邉恒雄会長に対する見方を決める際に、棘《とげ》のように刺《さ》さっているのだと思うのです。

渡邉恒雄守護霊　君の言っていることをすべて活字にして、新聞に載《の》せたら、読み終わったときに、何を言ってたかが分からなくなるよ。

小林　要は、「歴史認識について、ご意見をお伺いしたい」ということです。今回、自民党総裁が安倍《あべ》氏になったということもありますので。

渡邉恒雄守護霊　いやいや、そんな「歴史認識」なんていうものではなくてね。戦争が終わったのは昭和二十年だよな？　俺《おれ》は、その四年後の昭和二十四年に大学卒業だから、いわゆる「学徒出陣」の体験者なんだよ。

つまり、十代後半の学生時代に戦争を経験し、その実態を認識できた年代の人間だからね。東京が焼け野原になるところも、原爆《げんばく》が落ちて日本人が恐怖《きょうふ》するところも、全部見たし、日本が占領されるところも、新憲法ができるところも、マッカーサーに五年ぐらい支配されたときも、全部見てきた世代なんでね。

まあ、そういう意味で、主張の違《ちが》いはあるかもしれないけれども、「安易な判断ミスや、首相や軍部の独走などによって、すぐに戦争になるようなことは避《さ》けたい」って気持ちがあるという点では、朝日・読売とも共通してるんだよ。

やっぱり、自分の体験から考えると、戦争は悲惨《ひさん》なのでね。そうなる前に、「政治あるいは外交等で、きっちりやるべきことがあったんじゃないか」と思うな。

## 〝疑似《ぎじ》ヒトラー〟の出現を抑《おさ》えるのはマスコミの仕事

渡邉恒雄守護霊　また、最近、本を書いたけども、いちばん恐《おそ》れるべきは「ポピュリズム」だね。

今は、中国も韓国《かんこく》も、人気を狙《ねら》って、「日本と戦ってでも、とにかく、島を取るぞ」みたいな勇ましいことを言って煽《あお》ってるのに、日本のマスコミは、平静にして客観的報道しかしないので、君らは不満でしかたがないんだろう?

もちろん、煽ろうと思えば煽るのは簡単だけども、向こうは、無人島を得るために戦争する気満々なんだからさ。まあ、脅《おど》しかもしれないけど、もし、無人島の取り合いによって本当の戦争が起きて、また何百万人もの大勢の人が死ぬようなところまで拡大するなら、ちょっとばかげてるからね。

だから、「ポピュリズムに対して警戒《けいかい》してる」という意味では、朝日だって読売だって一緒《いっしょ》なんだよ。

そのポピュリズムの傾向《けいこう》がある人物といえば、大阪《おおさか》の橋下《はしもと》はちょっと怪《あや》しい。まあ、右翼《うよく》っぽい動きもしてるけど、あのポピュリズムは根が浅いな。やっぱり、芸人的に、ネタで人気を取ろうとする、ポピュリズムの動きが多いので、あいつはちょっと怪しい。

大川さんのほうは、さまざまな状況《じょうきょう》をバランスよく判断した上で、「こうすべきだ」と意見を言ってることが分かるから、ポピュリズムで動くことはないだろう。

今は〝疑似《ぎじ》ヒトラー〟みたいな者が出やすい雰囲気《ふんいき》になってるし、まあ、そういうものを抑《おさ》えるのはマスコミの仕事だからね。

小林　ポピュリズムについての考えは、今の話でよく分かりました。

## 日中関係の維持《いじ》のためには我慢《がまん》も必要？

小林　ですが、読売新聞のその引っ込《こ》み思案《じあん》のスタンスを、今、中国政府が利用していることについてはいかがでしょうか。

渡邉恒雄守護霊　うーん……。まあ、利用されてるつもりはないんだけど、「我慢《がまん》してる」って言うべきだと思うんだよなあ。

小林　「我慢している」とは？

渡邉恒雄守護霊　〝戦争オタク〟的に見れば、「我慢ならない」だろうな。ボクシングでも、打たれっぱなしは面白《おもしろ》くないよね。やっぱり打ち返さないとさ。

だけど、経済的な面では、「日中国交回復」以後の四十年間を見れば、確かに、中国は発展して、貧しさから解放された人もだいぶ出てきたし、日中の経済交流によって、日本にもいいことはあったと思う。だから、「角《かく》さん（田中角栄《たなかかくえい》元首相）の判断は、それほど間違ってはいなかった」と感じるんだよね。

それが、ちょっとしたことで、全部、パーになってしまっていいのかどうか。これは欧米《おうべい》でも考えることだからな。まあ、そういうことだよ。

矢内　敗戦、そして戦後の一時代を生きてこられた経験から導き出される渡邉会長のご論調も分かります。

ただ、今の日本は、「中国から侵略《しんりゃく》戦争を仕掛《しか》けられる可能性が非常に高い」という状況にあります。「日本が滅《ほろ》ぶかもしれない」という国難に直面するなかで、日本を守っていくためには、やはり、マスコミの新しい姿勢、スタンスが必要です。その「マスコミのあるべき方向性」とは、おそらく、今、私たち幸福実現党が訴《うった》えている路線と合致すると思われるのですが。

渡邉恒雄守護霊　うーん……。だけど、君らの意見を単純に受け入れすぎると、「主戦論」にしか聞こえないようになるところがあるからな。

矢内　「主戦論」ではありません。

渡邉恒雄守護霊　毎日毎日、読売の一面に「主戦論」を載せるとなると、仮に読者が三千万人いたら、それだけの国民が洗脳を受ける状態になる。しかし、うちは宗教じゃないのでね。

矢内　決して「主戦論」ではなく、「備えを固めなければならない」と言っているのです。つまり、「国防論」ですね。

渡邉恒雄守護霊　うーん。いやあ、「それをどこまですればいいか」という議論には、今、厳しいものがあるわな。正直言って、俺たちも、その先を読みかねているんだよなあ。

## 幸福の科学の影響《えいきょう》でマスコミも習近平《しゅうきんぺい》を警戒《けいかい》している

渡邉恒雄守護霊　大川さんの言ってることは、ある程度、当たってはいるけども、「オオカミが来るぞ、来るぞ」と言って、呼び込んでしまってもいけないからね。みんなが身構えすぎて、本当にオオカミが来てしまってもいけない。

もうすぐ、習近平《しゅうきんぺい》が総書記になって、「習近平体制」になるんだろう？　本来ならば、日本のマスコミは、新聞社もテレビ局も、少なくとも年明けぐらいまでは〝ご祝儀《しゅうぎ》〟で、習近平について好意的に伝えるものなんだけどね。

しかし、今回は、幸福実現党や幸福の科学が、習近平について警戒《けいかい》する内容を先に出してるから、マスコミのほうもそうとう洗脳されてるからね（笑）。「手放しで歓迎《かんげい》することはできない」という感じは伝わってるのよ。「彼を手放しで持ち上げるのは問題だ。用心しながらでなければ、彼を取り上げないほうがいい」という根回しはできてるからね。

その意味で、君たちは、すでに、ある程度の使命を果たしているんじゃないかな。俺たちも、もう、手放しで、彼を百パーセント持ち上げるようなことはできないよ。

## 昭和二十年代に「南京大虐殺《ナンキンだいぎゃくさつ》」の噂《うわさ》を聞いた覚えがない

小林　先ほどは、「煽りすぎてポピュリズム的になるのが危険だ」というご意見でしたが、正しい情報があれば、国民はそれなりに正しい判断をしてくださると思います。

その「正しい情報」という観点から少々お伺いしたいのですが、「南京大虐殺《ナンキンだいぎゃくさつ》」についてては、どのようにお考えでしょうか。

渡邉恒雄守護霊　ああ……。朝日のときと同じ公案（前掲《ぜんけい》『朝日新聞はまだ反日か』参照）を、こっちにもぶつけてきたか。うーん。
まあ、読売は大衆紙だから（笑）、あまり深くは追及《ついきゅう》はしないんだけどね。何かにずっと肩入《かたい》れするのではなく、「いろいろな意見があるでしょう」という感じではあるね。

小林　そうしますと、「事件・虐殺否定説を包含《ほうがん》したスタンスである」と？

渡邉恒雄守護霊　うん。読者には、否定する人もいるだろうし、肯定《こうてい》する人もいるだろうとは思う。
百歳《さい》ぐらいの人だったら、もう少し断定的に物事を言えるんだけども、戦争のころの俺は、まだ若すぎて、年がちょっと足りねえな。南京事件があったころは、まだそれほどバリバリに情報を取れるわけではなかったので、正確なことは言えないがな。

ただ、私らが学生から社会人になった昭和二十年代、向こうから引き揚《あ》げてきた人とか、いろんな意見を聞くとだね、「南京大虐殺があった」というような噂《うわさ》は聞いた覚えがないんだよ。

「広島に原爆が落ちて、大勢の人が死んだ」なんていう話は、一日で日本中に広まったよな。「東京大空襲《だいくうしゅう》で死んだ」という話も、もう一日か二日で日本中に伝わってるわな。それでも、死んだ人の数は十万人ぐらいだよ。

もし、「三十万もの人が南京で殺された」としたら、はっきり言えば、これは大事件だよな。それだったら、南京のほうから引き揚げてきた人たちがいっぱいいたので、当時、学生ぐらいだったとしても知ってるはずだよな。

最近、あなたがたが追及した坂本義和《さかもとよしかず》さん（『従軍慰安婦《じゅうぐんいあんふ》問題と南京大虐殺は本当か？』〔幸福の科学出版刊〕参照）も、当時、親父《おやじ》さんが東亜《とうあ》同文書院（上海《シャンハイ》に設立された日本人の高等教育機関）か何かに勤めてたから、本人も中国から日本へ引き揚げてきたはずなんだけど、実際に、彼が「（中国人が）殺されるのを見た」とか「聞いた」とか書いたものはなかったと思う。

要するに、「推定でものを言ってる」ということだろうな。

## 南京《ナンキン》事件が事実なら従軍記者が記事を書いたはず

渡邉恒雄守護霊　本当にそんなことがあったら、だいたい一日で伝わるものだからね。俺たちのように〝ブン屋〟になるような人間が、昭和二十年代に、それを客観的事実としてつかんでなかったということは、その段階では「存在してなかった話」なんじゃないか。その後、向こう（中国）がつくり上げた可能性が強いんじゃないかっていう感じがするなあ。

矢内　そうですね。日本軍が、南京《ナンキン》に入ったときには、当然、当時の読売新聞記者も……。

渡邉恒雄守護霊　うんうん、そうだよ。

矢内　日本のマスコミ各社も行っていたんですよね？

渡邉恒雄守護霊　従軍慰安婦はいなかったけど、従軍記者はいた。

矢内　記者はたくさんいたんですよね？

渡邉恒雄守護霊　記者はいたんだから、そんなことがあったのを見ていれば、当然、書くだろうし、少なくとも、噂はちゃんと入るはずだからね。

矢内 「そういうことがあった」ということは、誰《だれ》もまったく報道しておりません。あとでつくられた話であることは間違いないでしょう。

渡邉恒雄守護霊 (日本軍は)かなり整然とした入城だったと思われるんだけどね。もちろん、待ち伏《ぶ》せみたいなものはあっただろうから、多少は銃撃《じゅうげき》戦みたいなものがあったり、襲《おそ》いかかってきた者に応戦して軍刀《ぐんとう》で斬《き》ったりするようなことはあっただろうけども、入城自体は、わりあい整然となされたのではないかな。「激戦の末に陥落《かんらく》した」っていうほどの感じではなかったように思うな。

矢内 そうですね。「日本軍が南京に入城して、市民に歓迎された」ということは、当時の新聞記事など、種々の記録に遺《のこ》っています。

渡邉恒雄守護霊 そう。「歓迎された」っていうか、「治安がよくなる」と思った人のほうが多かった。それが世論《せろん》のコンセンサス（合意）だったということだよなあ。

## 商売としての慰安所《いあんじょ》はあっても「従軍慰安婦制度」はなかった

小林　韓国の主張する従軍慰安婦《じゅうぐんいあんふ》問題に関してはいかがでしょうか。

渡邉恒雄守護霊　ああ……。まあ、嫌《いや》なテーマだな。これは、日本人としては、本当に嫌なテーマだけどね。

今だって、「沖縄《おきなわ》で、米兵二人が女性一人を日本語で口説《くど》き、ケガを負わせた」という事件に、仲井眞《なかいま》知事が目をワアーッとひん剝《む》いてね、「オスプレイで揉《も》めてるときに、女性を襲うとは何事か。米軍は早く出て行け！」みたいなことを言ってるね。あれも非常にナーバスな問題で、感情的にくるところがあるのかもしらんけど、あの怒《おこ》り方を見たら、やっぱり、あの人も日本人じゃないよな。あちらの系統の人だな。中国・韓国系のような怒り方をなされてるけどね。

うーん、まあ、正式な従軍慰安婦という制度はなかったと思うな。ただ、慰安所自体は、ないわけではなかった。

現実に、日本にもそういう商売があるからね。それを言われたら、横須賀《よこすか》や沖縄には、米軍相手にやってるお店がいっぱいあるでしょう。それを、「米軍の従軍慰安所」と言われたらどうか？　この「従軍」というのは、"related《リレイティッド》 to《トゥ》"（関係する）ということだよな。「米軍に関連した風俗《ふうぞく》営業」と言われれば、関係がないとは言えないけども、それは、「強制された」というよりは、「収入になる」と思って来ているだけだと思うんでね。

## 5　渡邉会長自身に「左翼《さよく》思想」が交じる理由

### 終戦直後、若い世代はみな共産党の〝洗礼〟を受けた

綾織　歴史認識についてお伺《うかが》いしていますと、この世の渡邉会長とは、かなりご意見の違《ちが》うところがあるように思います。

渡邉恒雄守護霊　うん、ああ、いちおうね。

綾織　この世の渡邉会長は、「『日本は侵略《しんりゃく》戦争をした』ということを共通認識として持たないといけない」「日本の首相は靖国《やすくに》神社に参拝《さんぱい》すべきではない」というお考えですし、「君が代の歌詞が古くさい」という話もされていて、いわゆる左側の

スタンスをとられています。

渡邉恒雄守護霊　いや、俺《おれ》は、元・共産党だからさ。

綾織　「守護霊と本人の意識は、かなり違う」と考えてよいのでしょうか。

渡邉恒雄守護霊　いやあ、それはね。君らは若いからさあ、やっぱり、その気分が分からないんだろう。

今だって、共産党員が読売新聞に入ることは、ちょっと難しいと思うけども、終戦直後は、「戦争に反対してた」ということで、左翼《さよく》がすごく持ち上げられた時代だった。アメリカ進駐軍《しんちゅうぐん》にも、日本の国家神道《しんとう》的な右翼体質を排除《はいじょ》するために、わざと左翼を流行《はや》らせたところがあるのよ。

当時の若い人たちのほとんどは、共産党の〝洗礼〟を受けてるのよ。「左翼は平和勢力だ」というふうに、みんな、信じ込《こ》んでいたんでね。まあ、俺も、学生から若手社員のころ、それに乗っかった時期があった。それが、肉体本人にも入ってるんだよ。

だから、うーん……、今、その部分を突《つ》かれるときついんだけど、要は、「青春の原点において、共産主義的なものを吸収してしまった」ということが一つ。あとは、「老人の繰《く》り言《ごと》」ではないけど、「戦争を知らない世代が、また同じような悲惨《ひさん》な目に遭《あ》ってはいけない」と思って、一種の予防線として使えるように言っていることが、中国の主張と同じように聞こえる面があるのかもしらんけどね。

## 「首相の靖国参拝《やすくにさんぱい》反対」は発展的な日中関係への配慮《はいりょ》

小林　それでは、ずばりお訊《き》きしますが、守護霊の目でご覧になると、「日本の総理の靖国参拝《やすくにさんぱい》の問題は、どうでもいいことである」とお考えなのでしょうか。

渡邉恒雄守護霊　いや、本当は、中国があんなことを言える立場にはないと思うよ。どう見たって国内問題だもんね。それを言っていいのなら、こちらだって言ってもいいわけだよ。だけど、向こうの人が、孔子像《こうしぞう》にお参りしようが、先祖の墓に行こうが行くまいが、そんなこと、(日本にとっては)何でもないことだしね。

それから、(韓国《かんこく》が)「従軍慰安婦《じゅうぐんいあんふ》の像」みたいなものを勝手につくってるのも問題だ。かつて、朝鮮《ちょうせん》半島で日本人が住んでた所には、神社がいっぱい祀《まつ》られてたんだけど、戦後はみんな壊《こわ》されてしまったんだよ。神棚《かみだな》、仏壇《ぶつだん》から、社《やしろ》、鳥居《とりい》まで、全部焼き討《う》ちに遭ってるしね。

だから、こちらにだって、言いたいことは山のようにある。

まあ、だけど、(日本が中国に配慮《はいりょ》した)裏には、当時の経済界の期待もあったかねえ。やっぱり、「大きなマーケットとして成長する」という潜在《せんざい》予測があったから、「すでに終わった過去のことを争って、未来の発展の芽を摘《つ》むのはよくない」というような認識があったのかな。

だから、「（首相が靖国神社参拝に）行く行かない」は心の問題だし、こちらがそんなにおかしいことだとは思わなかったとしても、現実に向こうが反発すること自体は否定できないからさ。「あえて参拝するだけの価値があるかどうか」という踏《ふ》み絵はあったわなあ。

## 「大衆紙」の論説として「社会保障」を強調している

綾織　「若いころに共産主義の洗礼を受けた」ということですが、歴史認識以外にもその影響《えいきょう》が出ていると思われるのは、経済政策面です。ご著書にも、「社会保障こそ最良の投資だ」と書かれているように、やや「左がかった」ところが出ているように感じられます。

ただ、読売新聞という世界最大の新聞の論説を決めていらっしゃる方ですので、非常に影響が大きいかと思うのです。

このあたりについても、守護霊のお考えとは違うところがあると思うのですが、もう少しよい方向に転換《てんかん》できないものでしょうか。

渡邉恒雄守護霊　うーん……。まあ、いちおうねえ、(読売は)「大衆紙」としてのイメージを持ってるのよ。

朝日は、「クオリティ紙」として、「インテリとして理論的に批判しなければならない」みたいな意識を持ってると思うんだけど、うちは、「大衆の心を忘れないようにしよう」としてるんだよ。もちろん、うちにもインテリはたくさんいるんだけどもね。

まあ、そのなかに(社会保障が)含《ふく》まれてるわけで、これを〝読売ポピュリズム〟と批判されると、ちょっと困るんだけど……。

綾織　若干《じゃっかん》、そういう面もあるような感じがしますね。

渡邉恒雄守護霊　うーん。いや、でもねえ、厳しいことを言うと、新聞を取らなくなるからさあ。生活保護を受けてる人にも読売新聞を取ってもらわないといけないわけよ。分かる？

だから、生活保護を受ける身分の人にも、やっぱり、新聞は読んでいただきたいのよね。分かるかなあ。（新聞のテレビ欄《らん》を見ないと）テレビのチャンネルを回せないじゃん。

小林　橋下《はしもと》市長とほとんど同じ主張ですね（笑）。

渡邉恒雄守護霊　あ、そうかな。困ったなあ。困ったなあ。

綾織　やはり、「読売新聞がどのような方向で論説を出すか」ということは、非常に重要な問題です。

渡邉恒雄守護霊　いやあ、やっぱり、一千万人の心を集約しないといかんからさあ。

綾織　いえ、そのような受け身の考え方ではなく、やはり、よりよい方向に導くためのスタンスが必要だと思うのです。

渡邉恒雄守護霊　うちは極端《きょくたん》なことを言いにくいんだよなあ。産経さんなんかのほうが強気じゃないの。ね？　あそこは、どうせ部数が減っていくばかりだから、いくらでも言いたい放題のことを言えるんだけどさ。読売は、「押《お》さえ込んだものは放さない」という寝技《ねわざ》型で、（読者を）絶対に逃《に》がさないように押さえてるからね。だから、ちょっとつらいんだよな。そのへんは許してよ。いちおう、そういうふうに読者層を分析《ぶんせき》してるんだ。

矢内　お話を伺っていて、大衆紙としての懐《ふところ》の広さを感じました。

渡邉恒雄守護霊　だから、上から下までいるんだよ。

矢内　もう一つ、歴史認識のところで、少し安心した部分がございます。

渡邉恒雄守護霊　本音はそうだよ。

矢内　ええ。そうですね。

渡邉恒雄守護霊　本音はそうだよ。だけど、メディアを張ってる以上、何らかの批判的スタンスは取らなきゃいけない。応援《おうえん》したら、いくらでも、「行け行けゴーゴー」をやってしまうからね。

まあ、軍事拡大費用に使うよりは、「社会保障がまだ足りてないぞ」と言って、そちらに予算を使わせたほうが、みんなにとって還元《かんげん》になるかと思って、「社会保障は最良の投資」ということを言ってたわけなんだけどね。

# 6　南京《ナンキン》大虐殺《だいぎゃくさつ》に対する「守護霊認識」

## 渡邉会長守護霊の観察としては「いわゆる虐殺《ぎゃくさつ》はなかった」

矢内　今、話題になった自虐《じぎゃく》史観、歴史認識についてですが、「戦後、なぜ、南京《ナンキン》大虐殺や従軍《じゅうぐん》慰安婦《いあんふ》問題が、中国や韓国《かんこく》にここまで確定的に断定されるようになったのか」を研究していくと、やはり、朝日新聞に辿《たど》りつくと思います。

以前、朝日新聞の記者をしていた私が言うのも変な話ですが、南京大虐殺に関して言えば、あれは、一九七〇年代に、広岡《ひろおか》社長（当時）と、本多勝一《ほんだかついち》氏という当時のスター記者が、中国共産党に上手に搦《から》めとられた結果だと思います。

本多勝一氏は、中国で、被害者《ひがいしゃ》と称《しょう》する人——なかには工作員もいたと思いますが——を順番にインタビューし、それを検証もせず、『中国の旅』という本としてまとめ、日本に垂れ流しました。当時、この本はベストセラーになりましたが、あのあたりで、「南京大虐殺は歴史的な事実」と確定されたかたちになってしまったのです。また、従軍慰安婦問題も、同じく朝日新聞の報道の罪です。

こうした、戦後マスコミがつくった負の部分が、ある意味で、今、日本の危機を呼んでいると思うのです。

そこで、ぜひ期待させていただきたいのですが、大衆紙のスタンスで結構でございますので、世界最大のマスコミとして、この自虐史観、歴史認識のところをしっかりと検証していただけないでしょうか。「正しい歴史認識を、今の日本に、後世に遺《のこ》していくのが、読売新聞社の使命なのではないか」と、今、感じているところです。

渡邉恒雄守護霊　いやあ、〝朝日〟からご高説を賜《たまわ》って、まこと恐縮《きょうしゅく》です。

南京事件について、守護霊としての、もう一段、高い見地からの観察としては、軍隊が入城する際に起きるレベルの戦いはあったと思われるけれども、現実には、いわゆる虐殺というものはなかった。それが守護霊の認識です。

本人は、共産思想に染まって、戦後、いろんなものを読んだり聞いたりしてて、それが、どの程度、入ってるかは知りませんが、多少、そのへんに迎合《げいごう》してる部分もあるんだろうと思います。

また、朝日とまったく正反対のことを言うと、読者がはっきり割れてしまう。やっぱり、朝日の読者であっても、読売のほうを取りたい人もいて、そういう人を取り込《こ》まなきゃいかんから、そういう面もちょっと見せておかないといけない。まあ、このへんは許したまえ。

「朝日の読者は取れない」とあきらめてる産経だったら、平気でバシッとやっちゃうけど、うちは、朝日の読者を取りたいからね。

朝日を読んでるインテリ層のなかには、「読売も、いちおう読んどかなきゃいけないかな」と思う人たちも一部いる。まあ、三割ぐらいはいるかもしれないので、そのあたりを取るために、完全に否定するような感じの言い方はしてないんだ。

## 従軍慰安婦《じゅうぐんいあんふ》は「韓国《かんこく》のアイデンティティー」の問題

渡邉恒雄守護霊　まあ、従軍慰安婦《じゅうぐんいあんふ》については、はっきり言って、韓国《かんこく》のアイデンティティーの問題だと思うんだよ。つまり、「日本人にされてた」っていう部分だね。

だから、本当のことを言うと、彼らにも戦争責任はあるんだよ。彼らは、日本人として戦って、日本人として他のアジアの同胞《どうほう》を殺し、日本人として中国人だって殺してるんだからね。日本人として略奪《りゃくだつ》・暴行もしてるんだけども、その過去を消したくて消したくてしょうがないわけよ。

「その過去を消したい」という思いが転化してるというか、「日本から被害を受けた」という言い方をすることによって、その過去を消したような気分を味わおうとしているのかなあ。そういうふうに見てはいるんだけどね。

要するに、「日本人だった」ということ自体が、手込《てご》めに遭《あ》ったみたいな感じかな。

「日本名を付けられた」とか言ってるけど、本当は、付けられたわけじゃなくて、喜んで日本名を名乗ってたんだけどなあ。

おたくの政党にだって、アメリカへ行って、「直道《じきどう》」とは言ってくれないから、「Ｊａｙ《ジェイ》と呼んでくれ」なんて言ってるのがいるだろう。（聴聞席《ちょうもん》の饗庭《あえば》直道・幸福実現党広報本部長を指して）あの辺になあ。

だいたい、それは迎合だよ。ポピュリズムみたいなものだ。まあ、人気取りだけど、向こうの人が言いにくいから、そう言ってるんだろう？

同じように、日本人も韓国名を言えないから、日本名を使わないと、日本人と話ができないところがあったんだよ。だから、「そんなに強制的なものだったかどうか」については、ちょっと疑問があるな。

あと、戦争に関しては、「悪い所にたくさん送られた」というような言い方をするのは、どこにでもあるのでね。

例えば、アメリカだったら、「戦争では、黒人が、危険地帯に先に送り込まれて、死亡率が高い」とか、そういう突《つ》き上げが内部でずいぶんあったけどな。

だから、韓国の人たちも、「激戦地に韓国人を先に送られた」とか、「慰安婦のような役割でも、日本人より韓国人を優先して使われた」とか、そういう被害意識を持ちがちであるのは、そうだとは思う。

だけど、すぐカッとくるからさ。あれは、キムチを食べるのを禁じなきゃ駄目《だめ》だね。ニンニク、キムチ、それから、唐辛子《とうがらし》系を禁じなきゃ、あの怒《いか》りは収《おさ》まらないな。もうちょっと薄味《うすあじ》にして、四国の讃岐《さぬき》うどんのようにしないと、あの怒りは収まらないんだよ。

まあ、このへんについては、嫌《いや》な話題ではあるし、確かに、親戚《しんせき》一同のなかには、いろんな意味での戦争被害に巻き込まれた人が大勢いるだろうから、それを、全部、日本のせいにしたいところがあるんだろう。

しかも、韓国政府が、戦後の不幸を全部償《つぐな》ってくれたわけじゃないから、「その後、うまくいかなかったところは、全部、日本のせいにしたい」というような「甘《あま》えの構造」に似たものも一部あるかなとは思う。

今、慰安婦で名乗りを上げてるのは、八十代の人か。俺《おれ》ぐらいの年だなあ。俺ぐらいの年の人が、「慰安婦をやっていた」って？

言っとくけどな、俺はやってねえぞ。

まあ、そう名乗っているのが何人かいるだろうけど、このあたりは、何回も言い続けてると、坂本義和《さかもとよしかず》さんのように、「いろいろ抗議《こうぎ》してるのは、事実だからだ」と思う人が出てくるんだよ。千回も言ってると、嘘《うそ》でも信じるようになってくるわけだな。

また、名乗ってる人たちも、やってるうちに、何となく、そんなような気がしてくるのでね。そして、最初は「三人に犯《おか》された」とか言ってたのが、十人になり、百人になり、千人になり、「刀を千人から集めた弁慶《べんけい》の話」や「アングリマーラの千人殺し」みたいに話が大きくなるからさ。

そうやって演出して、やらされてるうちに、だんだん、だんだん迫真《はくしん》の演技に磨《みが》きがかかってくるところがあるんだな。

これを言ったら、韓国の人は怒《おこ》るけど、やっぱり、そういうところはあると思ってるよ。

矢内　本当におっしゃるとおりです。

## 自虐《じぎゃく》史観のなかには「欧米《おうべい》の戦争観」も入っている

矢内　幸福実現党としては、「南京大虐殺《だいぎゃくさつ》も従軍慰安婦もなかった」ということで、捏造《ねつぞう》された歴史をしっかりと正していきたいですし、学校教育についても、「子供たちに正しい歴史を教えていく」という政策を打ち出していきたいと思います。

渡邉恒雄守護霊　うーん……、ただね、「日本対韓国、日本対中国だけの問題ではない」ということも知っておかないといけないんだ。そこには、欧米《おうべい》の歴史観というか、戦争観も、いちおう入ってるからね。

彼らは、ファシズムと戦ったことを正義の御旗《みはた》にしてるけど、戦後、欧米に留学した日本のインテリたちは、そういうことを向こうで教育され、それを日本の大学とかで教えてきたから、日本にも、一部、入ってるわけだね。

欧米人には、「日本は悪いことをしたんだろう。ナチス並みに何かはしてるはずだ」というようなことが、刷り込みとして入ってる。そうでなきゃ、「日本をあれだけやっつけた」ということに、正当性が出てこないからね。

彼らは、本当は、原爆《げんばく》の原罪や東京を焼け野原にした原罪を、薄々、感じてるんだけど、「日本はファシズムの悪い国だった」ということにすることによって、遺族というか、生き残ってる人たちが、あまり原罪を感じないようにしてるわけだな。

そうしないと、ベトナム戦争のときのように、おかしくなる人が大勢出てくるのでね。

「日本は、神の国で、正しい国だった」ということになったら、日本と戦った人たちは、みんな、「地獄《じごく》に堕《お》ちるのか」と思って恐怖《きょうふ》し始め、精神科にばかり通うようになる。まあ、そのへんには、国策としていろいろあるわけさ。

だから、韓国も、「日本はファシズム国家だった」と言ってるけど、実は、日本と戦ってたようなふりをして、「日本と一緒《いっしょ》にされたくない」と逃《に》げてるわけだよ。

それで、欧米のほうは、象徴《しょうちょう》的に慰安婦問題とかを出されると、簡単に騙《だま》されるわけだね。

矢内　日本は、今、そういう正しい歴史認識を世界に発信していかなければいけない時期に来ていますので、ぜひ、そういったところでも、読売新聞社に貢献《こうけん》していただきたいと思っています。

## 日本人は「同情の思い」から韓国《かんこく》や中国の批判に耐《た》えている？

渡邉恒雄守護霊　以前、ボスニア・ヘルツェゴビナだったか、あのあたりで内戦があったじゃない？　ヨーロッパでな。あのときは、「セルビア人がイスラム教徒の女性に出産させ、合いの子が大勢生まれた」という証拠《しょうこ》がたくさんあったよね。

小林　ありましたね。

渡邉恒雄守護霊　あったねえ。だけど、そんな証拠がないんだよ。

小林　はい。南京では、その後、そういう問題は起きていません。

渡邉恒雄守護霊　生物学的証拠は出てないのでね。強姦《ごうかん》したりするようなときに、いちいち、みんな準備して、ホテルに入ってってしたりしませんからね。だから、そういう生物学的証拠は出てませんわ。はっきり言ってね。

そういう意味では、かなり濡《ぬ》れ衣《ぎぬ》の面があるかもしれないけども、日本人には、同情の思いから、「彼らの心の苦しみもあろうか」と思うて、武士として耐《た》えてる面もあるのかなあと思うけどな。

小林　欧米が自虐史観を押しつけてきている部分については、東京裁判の見直しを含《ふく》め、これから取り組んでまいりたいと思います。

## 7 「マスコミ改革」の急所とは

### テレビ・インターネット・ケータイは「新聞の敵」

小林　ところで、ややお訊《き》きしにくいのですが、新聞のカルテルの問題について、質問させていただきます。

新聞業界では、小売価格を販売店《はんばい》に強制できたり、休刊日を同じ日にすることができたりするなど他の業界では認められていないことが、なぜか認められています。私は、マスコミ改革の急所を突《つ》き詰《つ》めていくと、この「再販制度」のところに行き着くと思うのです。

先ほど、守護霊様から、「それに関しては分かっているよ」というようなコメントもございましたので、「渡邉会長ご自身も分かっておられるのかな」という印象を受けたのですが……。

渡邉恒雄守護霊　君の言葉は長くて、なかなか原稿《げんこう》にしづらいんだけどなあ。

小林　ずばり、お訊きします。「再販制度はなくしてもよい」とお考えでしょうか。

渡邉恒雄守護霊　いや、あのねえ、われわれにも敵がいるのよ。敵は〝電波〟なんだよ。な？　それは、主としてテレビだったが、今、テレビじゃないものに移りつつある。インターネットやケータイのほうに敵が移動しつつあるよな。

これらに、休みなしでやられるからさあ。また、木材パルプというか、新聞の原材料のようなものが要《い》らないので、南洋材の伐採《ばっさい》をしなくて済むしね。

まあ、これらをいじめるのに、「原発を停《と》めて、電力を止めてもええかもしらん」と思うときも、ときどき、あるんだけど、（新聞の）印刷もできなくなるらしいから、それはできないんだけどさ。

敵はいるんだよ。テレビには休みがないもんな。あれ、一斉《いっせい》に休めばいいんだ。悔《くや》しいけど、休まないんだよな。アナウンサーは休むけど、週末には別の人が出てくるからね。

新聞休刊日にテレビにやられる、あの悔しさが君らには分かる？　全然ニュースが入ってこないから、テレビをつけるしかないよな。あれでやられるんだ。本当に悔しいよなあ。


「国全体の意識レベルを維持《いじ》する」ため、新聞文化は保護すべきか

綾織　新聞あるいはマスコミ全体を、どういう方向にもっていこうとされているのでしょうか。
渡邉恒雄守護霊　新聞も絶滅危惧種《ぜつめつきぐしゅ》なんだよ。

君らは、「再販制度がどうのこうの」とか、「一千万部の世界一の巨大《きょだい》なメディアだ」とか、「権力だ」とか言うけど、これだけの販売網《もう》をつくるのは大変なんだ。実際上、よそは、ここまでのものをつくることはできなかったよな。

それで、この販売網が即《そく》、情報網になってるわけだけど、まあ、これもだねえ、君らの「地方分権は危険だ」という意見と一緒《いっしょ》なんだよ。

例えば、沖縄《おきなわ》の新聞だけ読んでたら、ほんとに人生観が狂《くる》ってくるんだよ。分かる？　読売新聞が入ってることが、どれだけいいことか、分かる？　沖縄の新聞は、沖縄タイムスと琉球《りゅうきゅう》新報か？　この二つしか読んでなかったら、人間は、完璧《かんぺき》に（左翼《さよく》思想に）染まるんだよ。琉球大学だかなんか知らんけど、地元の学校を出て、地元で就職したら、人生としては、もう、はっきりと、その〝色〟に染まる。

しかし、沖縄には、朝日だって、読売だって、いちおう入るからね。これで、いいわけだ。

まあ、新聞は一種の絶滅危惧種なんだけども、「国全体の意識レベルを維持《いじ》する」

という意味では、この文化を保護しておいたほうがいいんじゃないかと思うよ。

カルテル的な動きができるのは、政治を担保に取っているから

綾織　ただ、再販制度を維持するだけでは、うまくいかないと思います。実際、ここ十年ぐらいで、新聞社の広告収入は半分ぐらいに減り、ほかのメディアにお金がどんどん移っています。

渡邉恒雄守護霊　ＮＨＫは受信料がネックだけども、一般《いっぱん》の民放は基本的にタダでしょう？　これはきつい競争だよ。今、新聞はよく生きてると思う。民放は、広告主からＣＭ代を取ってるけど、べらぼうに高いのが問題であって、あれは、ちょっと独占《どくせん》しすぎてると思うね。みんな、知ってほしいからやってるけど、ほんとは、そんなに効果がないのは分かってるんだ。「タダで見れる」っていうのは、ちょっとなあ……。

小林　テレビのほうは、免許制《めんきょ》のところを自由化すればよいと思います。

渡邉恒雄守護霊　千局ぐらいつくってしまえば、経営は、あっという間に……。

小林　オピニオンのマーケットも、新聞も含《ふく》めて、基本的に自由化の方向にもっていくべきだと思いますが、いかがでしょうか。

渡邉恒雄守護霊　それはアメリカのような感じかな。向こうでは、州ごとのもの（地方紙）が多くて、百万部を超《こ》えるような新聞はなかなかないし、クオリティ紙というのは読める人が少ないので、これもまた部数が少ないねえ。経済紙には、全米共通のものもあるけど、やっぱり、何十万部ぐらいしか出ないものが多い。まあ、難しくなると、そんなに読まないのでね。

「大衆紙的に、かなりの部分までカバーする」というのは非常に珍《めずら》しい努力だと思うけども、まあ、「俺《おれ》たちが、なぜカルテル的な動きができるか」と言うと、それは、やっぱり、政治を担保に取ってるからだよ。ある意味ではな。

君らが、どんな悪いことを考えてるかは知らんけども、俺たちは、いちおう、「次の政権をどうするか」「次の首相を誰《だれ》にするか」「この大臣をクビにするか、しないか」ということを、ある程度、決められないわけではないんだよ。筆の加減というか、ペンの加減でね。

今だったら、法務大臣のところが揉《も》めてるねえ。週刊誌もつついてるしな。例えば、この法務大臣についても、「クビにするか、しないか」は、俺たちの書き方の過激さによって決まるところがあるよな。

## 「情報が氾濫《はんらん》するなか、良質な情報を提供している」という自負

矢内　そのような権力を発揮できる前提になっているのは、記者クラブに象徴《しょうちょう》され

るような「独占状態」ですよね。

今のところ、テレビ局と新聞社を合わせた十数社が、情報発信のところを独占しているわけですが、それだと、マスコミの一部の人たちが決めた方針で、日本の未来が決まってしまうところがあるわけです。

ここは、そろそろ自由化して開いていくことが必要ではないでしょうか。

渡邉恒雄守護霊　それもそうだけど、逆に言えば、今、インターネットが流行《はや》っててさあ、俺も年だから、インターネットはよく分からないんだけど、中国あたりでも情報がたくさん流れるような時代になってきたな。

要するに、各自が、テレビ局であり、ラジオ局であり、新聞社であるような時代が来て、情報が氾濫《はんらん》してるけど、ガセネタというか、変な情報もたくさんつかまされてるんだよ。嘘《うそ》の情報だって出し放題だし、匿名《とくめい》でも流せるからね。「2ちゃんねる問題」にも、いろいろと規制がかかってきてるらしいじゃないか。

こういう状況《じょうきょう》のなかで、「全国紙的なるものが、ある程度のクオリティを守ろうとして、記事の選別をし、絞《しぼ》り込《こ》んでいる」ということは、「国民の貴重な時間を奪《うば》わずに、良質の情報を提供している」ということであって、この点で、新聞も一《ひと》仕事はしてると、俺は思ってるんだよ。

「情報が無限に氾濫すればいい」とは必ずしも思わない。プロが、ある程度、選別をかけたほうがいいわけだ。新聞社に電話がかかってきたものを、全部、記事にするんだったら、何でも書かされてしまうよ。そこには、いちおう、プロとしてのチェックはかけてるからね。

## 「軽減税率の適用」を約束する政党を推《お》すことは決まっている？

小林　新聞をはじめとする大手マスコミは、総理大臣や大臣のクビをすげ替《か》えるような権力を、事実上、行使されているわけですが、その動機の部分は、どうなのでしょうか。「〝カルテル〟を守る」とか、「自分たちの組織の存続のほうに目的がある」とか、そのようにも感じるのですが。

渡邉恒雄守護霊　うーん……。いやいや、俺たちだって、「消費税をかけないでくれ」と言う以上は、聖なる使命を持ってやってるつもりではいるわけよ。（矢内を指して）ミスター朝日。（綾織を指して）ミスター産経。ねえ？

綾織　それはちょっと違《ちが》います。

渡邉恒雄守護霊　「普通《ふつう》の会社員とは違う」という、特別な、聖なる使命を感じてるわけよ。

矢内　しかし、「『新聞には軽減税率を適用する』と言っている政党のほうを推《お》していく」という路線が、すでに決まっているのではないでしょうか。

渡邉恒雄守護霊　そうなんだよね。ハハハハハ。それが選挙のうまみだからさ。それを密約したら、そちらの応援《おうえん》記事が増えるわね。

矢内　今回の自民党総裁選では、安倍《あべ》さんも石破《いしば》さんも、軽減税率を採用する方向のことを言っていたので、「このあたりの方も含めて、推していく」ということでしょうか。

渡邉恒雄守護霊　野田《のだ》だって、負けるとなったら言うよ。そんなもん、一緒だよ。あるいは、逆を言うかもしれないな。「税金の一部は新聞社に還付《かんぷ》する」なんて言い出すかもしれないよ。

## 国際情勢や国際経済については、先の見通しが分からない

綾織　渡邉会長は、以前、大連立を実現しようと動かれていましたが、「こういう政治にすれば、日本はよりよくなる」というようなビジョンはないのでしょうか。あるいは、自分たちの業界だけの利益で……。

渡邉恒雄守護霊　最初にほめてくれたけど、さすがに、俺も年を取ったなあ。もう八十六歳《さい》だと、ちょっと見えない。特に国際情勢や国際経済のところについては、不可解な部分が増えてきて、先の見通しがもうひとつ分からん。こういう仕事は、もう、大川隆法さんのほうに移したほうがいいかもしれないな。

例えば、今、ＩＭＦ（国際通貨基金）が総会をやってるけど、「そこで決めてることが、本当に合ってるかどうか」というのは分からない。専門家がやってるから、「合ってるのかな」と思いつつ、そのわりには、うまくいってないから、「何か違っ

ているかもしれない」とは言えるけど、このあたりは、読売の言論の質のレベルを多少超えるんだよ。もう一段、上の認識がなければいけないんだ。

まあ、ＩＭＦの総会で議論してる人たちは、留学したり、博士号を持っていたり、経済を専門に何十年かやってきた人たちだし、それを超えるほどの専門家を（読売の）内部に持ってるわけではないのでね。「本当かな」という雰囲気《ふんいき》は伝えられるけど、ちょっと分からない。

昨日《きのう》も、ＩＭＦの専務理事の女性が、「日本が駄目《だめ》なのは、女性の雇用率《こよう》が低く、出産で辞《や》めるので、女性の管理職が少ないところだ。女性の管理職が多い国は債務《さいむ》残高が少なくて、女性の管理職が少ない国は債務残高がものすごく高い。なかでも、日本はいちばん高くなっている」というようなことを言ってたけど、日本について、分かってない部分があるんじゃないかと思うね。

欧米《おうべい》の、そういう偉《えら》い人たちは、ナニーというお手伝いさんを雇《やと》って、「出産した」と言うんだろうけど、日本には、そういう下のレベルの人があまりいないんだよ。中間階層が多いからね。

軽いお手伝いさんは、昔はいたけどね。戦前なんかも大勢いたけど、今は、みんな、レベルが上がって、家一軒《いっけん》を持ち始めてる。

要するに、日本では、偉い人のために、ご奉仕《ほうし》する人がいないような、そうした、経済格差や地位の格差がない社会ができてるわけだな。ＩＭＦの専務理事は、このへんが見えてないいんじゃないかね。

そういうことは、ちょっと感じるんだけど、これを理論的に言えるだけの知力が、俺にないのか、読売にないのか。それが分からないなあ。

## いまだに解くことができていない「ＧＨＱの呪縛《じゅばく》」

綾織　そうであるならば、「幸福の科学や幸福実現党が発信している内容を素直《すなお》に報道するのが、いちばんよい」と思います。

渡邉恒雄守護霊　新聞は、あの世や霊界《れいかい》について取り扱《あつか》ってこなかったからね。

ん……。俺は霊か（会場笑）。

いや、だから、本当なら、「渡邉主筆の霊言《れいげん》」は、読売新聞の一面を飾《かざ》らなきゃいけない〝あれ〟だよなあ。

綾織　そうですね。

渡邉恒雄守護霊　宗教政党があるなら、宗教新聞があってもいいわけだからして、宗教新聞だったら、社説じゃなくて、一面に、「渡邉主筆守護霊語る」と見出しを打ち、その要約を載《の》せなきゃいけない。しかし、今はまだ、文化としては載せ切れないでいるよな。

だから、君らが、このマーケットを広げて、あの世を信じる人たちが過半数を超えてはるかに多くなり、「そんなの当然ですよ。霊界通信なんて当たり前ですよ。

霊言集が出るのは当然で、今は、その質の問題が競争になってるんです」というぐらいのレベルまで行けば、いいんだけどなあ。

綾織 マスコミは、戦後、宗教について積極的に取り上げてきませんでしたが、それを改めるのが、いちばんのマスコミ改革だと思います。

渡邉恒雄守護霊 まあ、でも、「GHQの呪縛《じゅばく》」は、宗教にも、それ以外のところにも、全部にかかってるからね。

呪縛を解いたものがあったかねえ? 自衛隊は徐々《じょじょ》につくっていったけど、呪縛は解けてない。マッカーサーが〝戦後の神〟になっているんだよ、ほんとはな。まあ、彼は優秀《ゆうしゅう》な人であったと思うし、日本のために、いい政策をたくさんしてくれたとは思うんだけどなあ。うーん……。

## 8 「幸福の科学」へのアドバイス

### 「大川隆法は現代のソクラテス」と見る渡邉会長守護霊

綾織　幸福の科学あるいは大川隆法総裁については、どのように思われているのでしょうか。

渡邉恒雄守護霊　ここも、三十年近くやってるから、一定の信用が出てきつつあるかなと思う。まあ、学部は違《ちが》うけど、大学の後輩《こうはい》にも当たるしね。
俺《おれ》の印象としては、どうだろうね、なんか、ソクラテスのような人の感じが……。

綾織　はいはい。

渡邉恒雄守護霊 「現代のソクラテス」なんじゃないかねえ。うん。あらゆる問題について疑問を呈《てい》して突《つ》っ込《こ》んできて、答えを出そうとしているだろう？ だから、「ソクラテス的人間」のような感じがする。

綾織 本来は、マスコミが、そういう役割を担《にな》わないといけないと思います。

渡邉恒雄守護霊 まあ、そうなんだ。実は、マスコミもソクラテス的でなければならないんだけど、ソクラテスは、あの世や霊界《れいかい》の話までしてるからね。

それで、この世のことも、当然、批判してるわけだ。この世的な人間を批判して、あの世的なことも言えた人だから、それだけの人格というか、両方を統一できるだけの自信と自覚があったんだろう。

まあ、私には、ずばり宗教全体について語るだけの資格はないので、分からない。

哲学科《てつがく》で、哲学をやったのでね。

これ（大川隆法）は、完全にソクラテスに匹敵《ひってき》するようなタイプの人だと思う。ソクラテスの時代に比べると、今は、時代が複雑だし、人口も多いので、同じようなものかどうかは分からないけども、ソクラテス的人間であることは、ほぼ間違いない。

そういう意味では、マスコミ的には、最も怖《こわ》い目を持ってると思う。だから、「何とか沈《しず》めたい」と思って、ときどき〝魚雷《ぎょらい》〟を発射してるところもあるようだが、〝魚雷〟を発射しつつも、尊敬はしてる感じがする。

## 今の読売には「空母部隊をつくれ」とまでは書けない

矢内　大川隆法総裁は、今、日本の危機を訴《うった》え、新しい時代の扉《とびら》を開こうとされています。その大川総裁を、現代のソクラテスと評された渡邉主筆は、霊的にも、それなりの方であるとお見受けいたします。

渡邉恒雄守護霊　朝日（若宮《わかみや》主筆）より、ちょっと上の感じがした？

矢内　ええ。

渡邉恒雄守護霊　（読売のほうが）部数が多いからね。

矢内　そうであれば、新しい未来に向けて、今、読売新聞社と共同戦線を張れる時代に来ているのではないかと思います。

渡邉恒雄守護霊　（両手で耳をふさぎながら）うーん……、いやあ……、（言いたいことは）分かる。分かる。分かる。分かる。

君と話をしてると、「読売の一面に、『空母部隊をつくれ！』と見出しが付いてる絵」が見えてくるんだけどさ、俺の時代じゃ、もう無理だな。これは、もう主筆も会長も引退しなきゃ駄目《だめ》だ。さすがに、俺の代で、「日本は空母部隊をつくれ！」とは書けないなあ。

矢内　ぜひ、読売グループの守護神として、後輩の方々に、そういうご指導をしていただきたいと思います。

渡邉恒雄守護霊　やっぱり、君たちが頑張《がんば》れよ。君たちも、やったほうがいいよ。読売は、大きすぎるから、もう無理だ。いろんなところへ配慮《はいりょ》しすぎるので、できないな。新進勢力こそ、強くパーッと押《お》していけるんだ。

# 「サムシング・ニュー」である幸福の科学が注意すべきは嫉妬《しっと》

綾織　渡邉会長は、幸福実現党、あるいは幸福の科学が、今後、どのように戦っていくのがよいと思われますか。

渡邉恒雄守護霊　いやあ……。君、「ザ・リバティ」か？

綾織　はい。

渡邉恒雄守護霊　月一（月刊）じゃ、間に合わんよ。これ（霊言《れいげん》）って、毎日、話《はなし》してるんじゃないの？　新聞がつくれちゃうよな。

綾織　「ザ・リバティｗｅｂ」もありますので、毎日、記事は書いております。

渡邉恒雄守護霊　ええ？　聖教《せいきょう》新聞は、もうそろそろなくなるだろうが、名誉《めいよ》会長が死んでも、対談が載《の》り続けるかもしれない。そういうシステムをつくっときゃ、つくれないわけがないね。

（幸福の科学には）「ザ・リバティｗｅｂ」があるのか？　俺はよく知らねえけど、これだけしゃべられたら、君、月一じゃ駄目だ。逆に、ほかの週刊誌にスクープされてるじゃないか。これって、もう負けてるんじゃないの？

綾織　そうですね。それは、本当に悔《くや》しい話です。

渡邉恒雄守護霊　君ね、これはいかんよ。回覧板で回さないといけない。何か〝新しい兵器〟は必要だな。

まあ、確かに、幸福の科学はすごいよ。これは宗教という定義には当たらないね。宗教ではあろうけど、新しい何かだ。これは「サムシング・ニュー」だね。

学園や政党にも手を出してるけど、その考え方には、一貫《いっかん》性というか、連携《れんけい》性はあるとは思うよ。「世直し」という意味ではつながっていて、まさしく根幹の部分を攻《せ》めてるんだ。

いずれ大きな勢力になってくるだろうと思うけど、ただ、その前に嫉妬《しっと》で潰《つぶ》されないように気をつけたほうがいいよ。長生きをしてる人には、みんな、それなりの知恵《ちえ》があるからな。

もう千冊も本を出したんだろ？ そんなことを言ってると、ほんとに十字架《じゅうじか》に架けられるぞ。あの映画（映画「神秘の法」）ではそうなったけど、あんなのは自分でつくるもんじゃないよ。

綾織　いえいえ。そうはさせませんので。

渡邉恒雄守護霊　ええ？　自分でつくったら、「やってくれ」って言ってるようなもんだからさ。

綾織　いえいえ。そんなことはありません。

## 先生を働かせすぎず、凡庸《ぼんよう》な弟子《でし》たちの力で頑張《がんば》って広げよ

渡邉恒雄守護霊　これは、完璧《かんぺき》に嫉妬の限度を超《こ》えてるよ。だから、ちょっと危ないところがある。

もうちょっと、君ら凡庸《ぼんよう》な弟子《でし》たちが戦ってる姿を見せないと駄目だよ。な？　君たちの力で頑張《がんば》って広げてるようにやらないと駄目だと思うんだよな。

大川さんをこれ以上働かせちゃいけないよ。これ以上働いちゃいけない。八十六歳《さい》の年寄りが働けるぐらいのレベルに押さえないといけない。

あとは、凡庸な弟子たちを使って組織をつくり、マネジメントをして、みんなで大きくすることだ。政党を立てて大きくし、あるいは伝道して組織を立て、英語を話せる人が増えて、世界中に信者を増やしていってる感じにしないといけない。

大川さんが何でもやってるように見せて、祀《まつ》り上げすぎることで、もし寿命《じゅみょう》が短

くなるようなことがあったら、ちょっと困るのでね。やっぱり、長生きしてみて初めて見えるものもあるから、わしとしては、長く頑張ってもらいたいと思う。

先ほど、ソクラテスっていう名前を出したけど、ある意味で、「大川さんはドラッカー的な人かな」っていう感じもするんだ。経営学者じゃないけども、ああいう視野の広さ、文明全体を見渡すような目を持ってらっしゃるのでね。

あの人は九十五歳ぐらいまで頑張られたんだろうけど、何となく、大川さんは九十六歳ぐらいまで生きるような気がしてしょうがねえんだよなあ。俺は八十六歳だけど、それより、あと十年ぐらい生きそうな感じがする。

まあ、生きててくれてるだけでもええんじゃないか。もう、あとは弟子で広げろよ。なあ？　それで、ときどき、大川さんがポツポツと言うてくれれば、教勢は衰《おとろ》えないで行くからさ。

ほかの宗教は、もう話にならないよ。ぜーんぜん、話にならない。敵じゃないよ。ライバルじゃないよ。まったく読み比べる気さえ起きない。ここはすごいよ。

## 霊言《れいげん》によって「サブカルチャー」を変えれば宗教国家になる

渡邉恒雄守護霊　ただね、君たちには、やらなきゃいけない仕事がある。お寺の坊《ぼう》さんたちは、いろんな宗派に属して、全国で法事をやったり、お墓を守ったりしてるけど、坊さん自身、あの世を信じてなかったり、霊《れい》を信じてなかったりすることがいっぱいある。キリスト教も同じような状態が続いてるし、神道《しんとう》にも同じようなところがある。

やっぱり、「霊を信じてない坊さんは辞職しなさい」っちゅうぐらいの強気で、本を出していただきたいと思う。

まあ、新聞も霊言《れいげん》の広告を出しててて、いつも霊言の宣伝ばかりしてるので、みんな、だんだん怖がってき始めてるんだけどね。お盆《ぼん》の季節とか、たまにならいいんだけど、いつもいつも霊言が出てくるので、みんな震《ふる》え上がって、コチコチに固まってきてる。

ただ、それは別にして、渡邉恒雄の『ナベツネ先生 天界《てんかい》からの大放言』の広告を読売が載せるか載せないかは、すごく難しい。

綾織　ぜひ、お願いしておきたいと思います。

渡邉恒雄守護霊　俺に対する忠誠心や、「人事権が発動されるかどうか」を見ながらの判断だから、あんまり読売全体の責任と思わないでくれよ。どういうふうに判断するかは分からないけども、みんなには生きていく力が必要だからね。

やっぱり、広告がいろんなところに載ろうが載るまいが出していくことだ。これは、日本のサブカルチャーの部分だよ。サブカルチャーの部分を変えてしまって、実際上、宗教国家に変えてしまうわけだ。土壌《どじょう》のところを変えてしまえば、言論のスタイルは変わってくると思うね。

## 凡人《ぼんじん》の嫉妬《しっと》の怖《こわ》さを知り、「総裁をしっかり護《まも》れ」

渡邉恒雄守護霊　君らは、習近平《しゅうきんぺい》体制に対して、勇猛果敢《ゆうもうかかん》に戦ってるけど、それは、本来、マスコミである俺たちがやらなきゃいけないことだと感じてるよ。本来、やらなきゃいけないんだけども、取材の限界があって、習近平の実像にまで迫《せま》れないんだよ。大川隆法が言ってるところまで、読売の記者が現地取材して書いたら、もう殺されてるよ。この世の人では、もはやなかろう。霊言しかできない。だから、すごいとは思うよ。すごいとは思うけど、若干《じゃっかん》の不安はある。君ら、しっかり護《まも》れよ。これだけ目立ったら、護らないと危ないぞ。ソクラテスだって、毒ニンジンを飲んでるんだからさあ。

綾織　はい。おっしゃるとおりだと思います。

渡邉恒雄守護霊　うん、うん。危ないぞ。

綾織　それについては、弟子の努力を深めます。

渡邉恒雄守護霊　凡人《ぼんじん》の嫉妬《しっと》っていうのは、けっこう怖《こわ》いんだからね。これが民主主義の根本《こんぽん》なんだ。凡人の嫉妬が集合したときの怖さには、すごいものがあるから、多少、君らあたりにそういう嫉妬とかを集めなきゃいけないんだよ。

綾織　はい。そうしていきたいと思います。

渡邉恒雄守護霊　産経新聞の社長や重役とかが、「あの綾織めが、あんないい格好をして出よってからに……」と言って、嫉妬がそちらへ分散するとかね。

あるいは、「あの朝日の〝アイアンマン〟は何だ。あんなのは朝日にいたって、今ごろ、どうせ、宇都宮《うつのみや》で記事を書いとるんだ。それが幸福の科学に行ってから、いい格好をして船に乗り、『中国国民に告ぐ！』とか、『主席に告ぐ！』とか偉《えら》そうに言ってる。もうムラムラと嫉妬しちゃうな」と。こういうのを、みんなで少しずつ引き受けて、総裁のところへ嫉妬が全部、集まらないようにしないといかんのだ。

綾織　はい。その方向で努力していきたいと思います。

# 9 「過去世《かこぜ》」では何をしていたのか

## 渡邉会長守護霊に「過去世《かこぜ》の活躍《かつやく》」を訊《き》く

綾織　最後に、簡単でよろしいのですが……。

渡邉恒雄守護霊　ほら、訊《き》くだろう？

綾織　大川総裁が……。

渡邉恒雄守護霊　え？　総裁か？　俺《おれ》のことじゃないのか。なーんだ（会場笑）。

綾織　（笑）すいません。先日、大川総裁が、「ナベツネさんは、普通《ふつう》の人ではないだろう。人間様《よう》のものではないような気がする」と述べておられました（前掲《ぜんけい》『朝日新聞はまだ反日か』参照）。

渡邉恒雄守護霊　嫌《いや》な言い方だな。なんか、ちょっとややこしい。

綾織　（笑）「人間っぽくないところが若干《じゃっかん》ある」というふうにも……。

渡邉恒雄守護霊　人間だよ、人間。そらあ、神様みたいな……。

綾織　まあ、神様かもしれませんが、もし、過去のご活躍《かつやく》などで明かしていただけることがあれば、お願いしたいと思います。

渡邉恒雄守護霊　いや、「君の反応を見てから決めたい」と思ってはいたんだけど。

綾織　立派な仕事をされた方だと思います。

渡邉恒雄守護霊　この前は、石破《いしば》（守護霊）が出ただろ？（『国防アイアンマン対決』〔幸福実現党刊〕参照）あれで疑ったな。あいつの答えを聞いて、疑ったよな。だから、俺に対しても疑うかどうか。

例えば、「後ろで千成瓢箪《せんなりびょうたん》（豊臣秀吉《とよとみひでよし》の馬印《うまじるし》）を振《ふ》ってる」というのはどうだ？うん？　こういうのはどうだ？　「昔は武力と智慧《ちえ》でもって天下統一をし、今は言論でもって天下を統一した。世界ナンバーワンの言論機関のトップが、〝千成瓢箪〟を振って天下取りをした」っていうのはどうだ？

綾織　いやいや、それは違《ちが》うような気がします。

渡邉恒雄守護霊　認める？　認めない？　やっぱり駄目《だめ》か。

綾織　はい。

渡邉恒雄守護霊　ああ……（会場笑）。

綾織　駄目ですね。

渡邉恒雄守護霊　やっぱり駄目？　ペンは剣《けん》にならないか。ああ、そうか。それは駄目か。それは認めないか。うーん。君ら、なんか、判断基準を持ってるのか。

綾織　いやいや。「正直かどうか」だけを見ておりますので（会場笑）。

渡邉恒雄守護霊　ああ、そう。うーん。（舌打ち）そうか。

## 商才があり、「日本のある財閥《ざいばつ》」と関係があった過去世《かこぜ》

渡邉恒雄守護霊　いやあ、他社に負けたくはないし、あんまり格好悪いのは言えないから、難しいところだけども、やっぱり、すこーし商才はあるんだよな。

綾織　ほお。

渡邉恒雄守護霊　うん。少し商才があるので、商売の系統で大を成したことはある。

綾織　なるほど。時代としてはいつですか。江戸《えど》時代？

渡邉恒雄守護霊　うーん……。まあ、ブン屋だから、ほんとは学者でなきゃいけないのに、学者じゃなかったところが申し訳なくてね。

何ていうか、不偏不党《ふへんふとう》でなきゃいけないので、ちょっと難しいが、「ある種の財《ざい》閥《ばつ》のもとになるものに関係があった」というぐらいまでは言ってもいい。

小林　日本でいらっしゃいますか。

渡邉恒雄守護霊　まあ、そうでございますねえ。日本ですね。「商売のほうをやっていて、そろばんがうまかった」と言うべきかもしれないね。

綾織　当会にもいろいろと有名な関係者がいるんですけれども……。

渡邉恒雄守護霊　だけど、不偏不党でなきゃいけないので、「ある財閥につながる」

というのは困るんだよ、うちが。

綾織　今も遺《のこ》っていますか。

渡邉恒雄守護霊　まあ、流れはね。財閥の解体から、その後、いろいろと合併《がっぺい》したんで、今、ちょっとあれだけど、そうだなあ、なんかこう、反物《たんもの》に関係がある。

綾織　反物？

渡邉恒雄守護霊　うんうん。ちょっと関係があるかな。

綾織　ほお。三井《みつい》系になるわけですね？

渡邉恒雄守護霊　いや！　知らん（会場笑）。それは知らん。そこからあとは知らん。

綾織　はいはい。

渡邉恒雄守護霊　そこからあとは知らんけども、まあ、財閥のもとになるようなものに関係がある。

昔の時代には、実は、中国にも関係があって、「中国の武将を支えた商人」として生まれたこともあるんだ。

綾織　もともと商才に長《た》けていらっしゃるんですね。

渡邉恒雄守護霊　商才のほうがどうもあるようだ。哲学《てつがく》科だし、文才でなきゃいけないんだがなあ。だけど、商才のほうがあるんだ。

綾織　ジャイアンツなどを盛り上げていらっしゃいますし……。

渡邉恒雄守護霊　そうなんだよ。どうしても商売のほうだな。

綾織　なるほど。

## 大阪《おおさか》の堺《さかい》で貿易をし、戦国大名と取り引きをしていた

渡邉恒雄守護霊　すまんな。（舌打ち）うーん、豊臣秀吉っていう説は、やっぱり、通らない。二回ともアウトか。なかなか通らんなあ。

矢内　秀吉さんと同じ時代ですか。

渡邉恒雄守護霊　え？　秀吉の時代はどうかな。何となく、外国との貿易をやっておったような気もする。大阪《おおさか》の堺《さかい》とか、あの辺の商人かなんかをしてたような気もするな。

矢内　鉄砲《てっぽう》とか。

渡邉恒雄守護霊　うん？　鉄砲は、ちょっと言えんな。それは言えんが、いろんな外国の物を入れてやってたから、戦国大名たちとは取り引きや付き合いはあった。そういう意味で、「この人は出世なさるな」という人物眼みたいなものが、今の政治との関係のもとにはなってるかもしらんな。「偉《えら》くなりそうな人に売っとく」ということをやれば、将来、商売が大きくなるよ。そういうところがあるわ。

いやあ、マスコミに対して身元調査はやめてくれ。

綾織　はい。もう十分、お伺《うかが》いできましたので……。

渡邉恒雄守護霊　（綾織に）君ぃ、過去世鑑定《かこぜかんてい》がまだ終わってないんじゃないか。やったほうがいいよ（会場笑）。

綾織　（苦笑）いえいえ、私は結構でございます。

渡邉恒雄守護霊　いやあ、偉い人かもしれないよ。

綾織　お忙《いそが》しいなか、お出《い》でくださいまして、本当にありがとうございます。

渡邉恒雄守護霊　「天照様《あまてらす》が機織《はたお》りしてたときに、横で蚕《かいこ》を飼って養蚕《ようさん》していた。

桑《くわ》の葉を与《あた》えていた」とか、そんな偉い方かもしれないじゃないか（会場笑）。ええ？

綾織　そうかもしれません（苦笑）。今日は、貴重なアドバイスを頂きまして、本当にありがとうございました。

渡邉恒雄守護霊　アッハッハッハッハッ……。

綾織　お忙しいと思いますので。本当にありがとうございました。

渡邉恒雄守護霊　そうか。

## 幸福実現党の将来に期待している

渡邉恒雄守護霊　俺でもまだ現役《げんえき》でやれてるんだから、ここの総裁もうまく使えば、長く使える。君らは、総裁が過労死しないように十分に配慮《はいりょ》して、護《まも》りながらやるんだぜ。それをやらんといかんぜ。

綾織　はい。そのへんはしっかりとやってまいります。

小林　どうもありがとうございました。

渡邉恒雄守護霊　（小林に）あんたは、もうちょっと商才がないんかね。こら〝役人〟！　もっと頑張《がんば》れ！

小林　（苦笑）ええ。どうもありがとうございました。

渡邉恒雄守護霊　うーん、うーん（会場笑）。ちょっと余計なことを言っちゃったかな。

まあ、立木《ついき》君は二十年後の総理だからね。

綾織　いえいえ。そんな先ではありませんので。

渡邉恒雄守護霊　二十年後、存在しとればね。

綾織　いえいえ。そこまで先ではないです。

渡邉恒雄守護霊　まあ、将来は期待してるよ。ただ、孫や曽孫《ひまご》ぐらいのような者なので、まだ、「日本の国を任す」というところまでは信用はできない。

矢内　幸福実現党が、早急《さっきゅう》に国政を担《にな》わせていただきますので、ご期待ください。必ず頑張ります。

渡邉恒雄守護霊　隆法さんに、もうちょっとだけ頑張ってもらわないといかんと思うよなあ。

矢内　幸福実現党にご期待ください。

渡邉恒雄守護霊　（矢内に）〝アイアンマン〟なあ、海に沈《しず》むなよ（会場笑）。

矢内　はい。ありがとうございます。

渡邉恒雄守護霊　朝日を徹底《てってい》的に撃《う》ち込《こ》むんだぞ。うん、よしよし。

綾織　ありがとうございます。

矢内　はい。頑張ります。

## 10 「日本の繁栄《はんえい》の神」になれる方ではないか

大川隆法　どうでしょうか。渡邉氏本人としては複雑かもしれませんね。「『もう死んだ』と思われたか」という感じでしょうか。

最近の渡邉氏の著書にも、「これが最後の著書であろう」と書いてあったので（笑）、微妙《びみょう》ですが、次に出るのは霊言《れいげん》ぐらいでしょう。

でも、渡邉氏は能力のある方だと思います。「書く」だけでなく「経営」もでき、経営以外のところでも、いろいろと顔を売り、いろいろな仕事をされていますから、能力が溢《あふ》れている方なのでしょう。

おそらく、人生哲学《てつがく》において、何か〝上手《うま》い秘訣《ひけつ》〟を持っていらっしゃるのではないでしょうか。そのへんは参考にしたいし、「大きなグループを率いる術《じゅつ》」のようなものも勉強していきたいと思います。

霊言で語られたように、渡邉氏の過去世《かこぜ》に商人の筋があったとすれば、客の心がつかめるのかもしれません。このへんが違《ちが》いなのでしょう。

確かに、野球などについても、そういうところはあります。本当は新聞社がやるようなものではありませんが、それをエンターテインメントに変えてしまって、ジャイアンツの連勝を新聞の部数増につなげていったわけです。このへんは、読売のうまいところです。

当会も商人が入れば、もう少し広がるのかもしれません。もう少し、商人系の人を活躍《かつやく》させるとよいでしょうね。〝武将〟ばかりだと〝殺す〟だけで駄目《だめ》ですが、商人系の人は客を取れるかもしれません。これは少し考えておかないといけませんね。

（渡邉守護霊に）ご足労いただいて、ありがとうございました。いろいろと失礼の段があったかと思いますが、「朝日」もやりましたので、もしかしたら、「お出《で》になりたい」という気持ちがあるかもしれないと思って、「読売」のほうもさせていただきました。

どうか、これを機会に「広告を載《の》せない」などということがないようにお願いします。

「渡邉氏は、この世の普通《ふつう》の方ではあるまい。偉《えら》い方であろう」と推定しています。決して妖怪《ようかい》などと思っているわけではなく、「偉い神格《しんかく》を持っておられる方ではないか」という感じは持っています。

「日本の繁栄《はんえい》の神の一人になれるような方なのではないか」と思っていますので、そういう方向で日本を導いていただけたら、ありがたいです。

今後とも、よきご指導をお願い申し上げます。ありがとうございました。

# あとがき

おそらく「ナベツネ先生」は、正直で、気持ちの大きい方だろうと思う。そして人の気持ちを読み解く能力に特長をもっておられる方かと思う。

「『幸福実現党』に議席を獲《と》らせてやりたい」とおっしゃった時、たとえ守護霊霊言であるにしても、政党幹部諸氏は感激していた。マスコミの「談合的黙殺シフト」に、皆、耐え忍んで来たからである。

ドイツの首相は宗教政党出身であるし、今、アメリカの大統領選を争っているロムニー共和党候補も、青年時代、モルモン教徒の宣教師としてフランスで伝道していた。宗教を信じる者が、国を正しく導くべく政治家を志すことは、決して道徳に反することでも、異常なことでもない。そのあたり前のことが、あたり前にできるように、大マスコミの果たすべき使命も大きいと信じてやまない。

二〇一二年　十月二十日

幸福《こうふく》の科学《かがく》グループ創始者兼総裁《そうししゃけんそうさい》　大川隆法《おおかわりゅうほう》

『ナベツネ先生 天界からの大放言』 大川隆法著作関連書籍

『朝日新聞はまだ反日か』（幸福の科学出版刊）
『今上天皇・元首の本心』（同右）
『皇室の未来を祈って』（同右）
『従軍慰安婦問題と南京大虐殺は本当か？』（同右）
『公開霊言 天才軍略家・源義経なら現代日本の政治をどう見るか』（幸福実現党刊）
『国防アイアンマン対決』（同右）

ナベツネ先生《せんせい》 天界《てんかい》からの大放言《だいほうげん》

──読売新聞・渡邉恒雄会長 守護霊インタビュー──

2012年10月27日　初版第1刷

著　者　　大《おお》　川《かわ》　隆《りゅう》　法《ほう》

発行所　　幸福の科学出版株式会社

〒107-0052 東京都港区赤坂2丁目10番14号
TEL(03)5573-7700
http://www.irhpress.co.jp/

印刷・製本　株式会社 堀内印刷所

落丁・乱丁本はおとりかえいたします

ISBN978-4-86395-261-4 C0030
Photo: 時事 /UE-PON2600

## 大川隆法 ベストセラーズ・幸福実現党の魅力とは

# 国防アイアンマン対決

### 自民党幹事長 石破茂守護霊
### vs. 幸福実現党出版局長 矢内筆勝

いま、改めて注目される幸福実現党の国防戦略とは!? 国防第一人者と称される石破氏守護霊の本音が明かされる緊急国防論争。
【幸福実現党刊】

1,400円

# 「人間グーグル」との対話

### 日本を指南する

氾濫する情報の中から、真実だけをクリックする——。国師と幸福実現党政調会長が、日本の問題点と打開策を縦横無尽に語り合う。
【幸福実現党刊】

1,400円

# 「アエバる男」となりなさい

### PRできる日本へ

アメリカ共和党も認めた幸福実現党の正当性! 国師との対談から見えてくる日本政治の問題点と、国難を打破する人材論とは。
【幸福実現党刊】

1,400円

※表示価格は本体価格(税別)です。

## 大川隆法ベストセラーズ・幸福実現党の魅力とは

# スピリチュアル党首討論

### 安倍自民党総裁 vs.立木幸福実現党党首

自民党が日本を救う鍵は、幸福実現党の政策にあり！ 安倍自民党新総裁の守護霊と、立木秀学・幸福実現党党首が政策論争を展開。
【幸福実現党刊】

1,400円

# 野獣対談
# ——元祖・幸福維新

外交、国防、経済危機——。幸福実現党の警告が次々と現実化した今、国師が語り、党幹事長が吠える対談編。真の維新、ここにあり！
【幸福実現党刊】

1,400円

# 猛女対談
# 腹をくくって国を守れ

国の未来を背負い、国師と猛女が語りあった対談集。凛々しく、潔く、美しく花開かんとする、女性政治家の卵の覚悟が明かされる。
【幸福実現党刊】

1,300円

幸福の科学出版

# 幸福の科学グループのご案内

**宗教、教育、政治、出版などの活動を通じて、地球的ユートピアの実現を目指しています。**

## 宗教法人　幸福の科学

一九八六年に立宗。一九九一年に宗教法人格を取得。信仰の対象は、地球系霊団の最高大霊、主エル・カンターレ。世界百カ国に迫る国々に信者を持ち、全人類救済という尊い使命のもと、信者は、「愛」と「悟り」と「ユートピア建設」の教えの実践、伝道に励んでいます。

（二〇一二年十月現在）

公式サイト
**http://www.happy-science.jp/**

## 愛

幸福の科学の「愛」とは、与える愛です。これは、仏教の慈悲《じひ》や布施《ふせ》の精神と同じことです。信者は、仏法真理をお伝えすることを通して、多くの方に幸福な人生を送っていただくための活動に励んでいます。

## 悟り

「悟り」とは、自らが仏の子であることを知るということです。教学《きょうがく》や精神統一によって心を磨き、智慧《ちえ》を得て悩みを解決すると共に、天使・菩薩《ぼさつ》の境地を目指し、より多くの人を救える力を身につけていきます。

## ユートピア建設

私たち人間は、地上に理想世界を建設するという尊い使命を持って生まれてきています。社会の悪を押しとどめ、善を推し進めるために、信者はさまざまな活動に積極的に参加しています。

国内外の世界で貧困や災害、心の病で苦しんでいる人々に対しては、現地メンバーや支援団体と連携して、物心両面に渡り、あらゆる手段で手を差し伸べています。

年間３万人を超える自殺者を減らすため、全国各地で街頭キャンペーンを展開しています。

公式サイト
**http://www.withyou-hs.net/**

ヘレン・ケラーを理想として活動する、ハンディキャップを持つ方とボランティアの会です。視聴覚障害者、肢体不自由な方々に仏法真理を学んでいただくための、さまざまなサポートをしています。

公式サイト
**http://www.helen-hs.net/**

# 教育

## 学校法人 幸福の科学学園

幸福の科学学園中学校・高等学校は、幸福の科学の教育理念のもとにつくられた学校です。人間にとって最も大切な宗教教育の導入を通じて精神性を高めながら、ユートピア建設に貢献する人材輩出を目指しています。

**幸福の科学学園**
**中学校・高等学校**（男女共学・全寮制）
2010年4月開校・栃木県那須郡

TEL **0287-75-7777**

公式サイト
**http://www.happy-science.ac.jp/**

関西校（2013年4月開校予定・滋賀県）
幸福の科学大学（2015年開学予定）

---

### 仏法真理塾「サクセスNo.1」

小・中・高校生が、信仰教育を基礎にしながら、「勉強も『心の修行』」と考えて学んでいます。

TEL **03-5750-0747**（東京本校）

心の面からのアプローチを重視して、不登校の子供たちを支援しています。また、障害児支援の「**ユー・アー・エンゼル！**」運動も行っています。

### 不登校児支援スクール「ネバー・マインド」

幼少時からの心の教育を大切にして、信仰をベースにした幼児教育を行っています。

### エンゼルプランV

---

### NPO活動支援

学校からのいじめ追放を目指し、さまざまな社会提言をしています。また、各地でのシンポジウムや学校への啓発ポスター掲示等に取り組むNPO「いじめから子供を守ろう！ネットワーク」を支援しています。

公式サイト **http://mamoro.org/**

ブログ **http://mamoro.blog86.fc2.com/**

相談窓口 **TEL.03-5719-2170**

政治

## 幸福実現党

内憂外患《ないゆうがいかん》の国難に立ち向かうべく、二〇〇九年五月に幸福実現党を立党しました。創立者である大川隆法党名誉総裁の精神的指導のもと、宗教だけでは解決できない問題に取り組み、幸福を具体化するための力になっています。

党員の機関紙「幸福実現News」

TEL 03-6441-0754
公式サイト
http://www.hr-party.jp/

出版 メディア 事業

## 幸福の科学出版

大川隆法総裁の仏法真理の書を中心に、ビジネス、自己啓発、小説など、さまざまなジャンルの書籍・雑誌を出版しています。他にも、映画事業、文学・学術発展のための振興事業、テレビ・ラジオ番組の提供など、幸福の科学文化を広げる事業を行っています。

TEL 03-5573-7700
公式サイト
http://www.irhpress.co.jp/

# 入会のご案内

## あなたも、幸福の科学に集い、<br>ほんとうの幸福を<br>見つけてみませんか？

幸福の科学では、大川隆法総裁が説く仏法真理をもとに、
「どうすれば幸福になれるのか、また、
他の人を幸福にできるのか」を学び、実践しています。

### 入会

大川隆法総裁の教えを学ぼうとする方なら、どなたでも入会できます。入会された方には、『入会版「正心法語」』が授与されます。（入会の奉納は1,000円目安です）

**ネット**でも**入会**できます。詳しくは、下記URLへ。

### 三帰《さんき》誓願《せいがん》

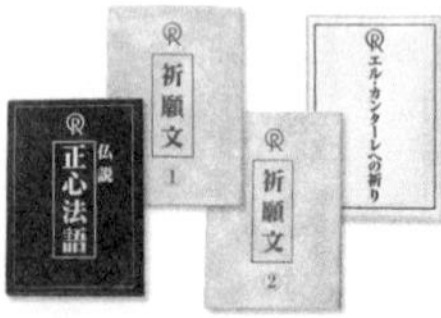


仏弟子としてさらに信仰を深めたい方は、仏・法・僧の三宝への帰依を誓う「三帰誓願式」を受けることができます。三帰誓願者には、『仏説・正心法語』『祈願文①』『祈願文②』『エル・カンターレへの祈り』が授与されます。

### 植福《しょくふく》の会

植福は、ユートピア建設のために、自分の富を差し出す尊い布施の行為です。布施の機会として、毎月1口1,000円からお申込みいただける、「植福の会」がございます。

「植福の会」に参加された方のうちご希望の方には、幸福の科学の小冊子（毎月1回）をお送りいたします。詳しくは、下記の電話番号までお問い合わせください。

月刊
「幸福の科学」

ザ・伝道

ヤング・ブッダ

ヘルメス・
エンゼルズ

| INFORMATION | 幸福の科学サービスセンター<br>TEL. 03-5793-1727（受付時間 火～金：10～20時／土・日：10～18時）<br>宗教法人 幸福の科学 公式サイト http://www.happy-science.jp/ |
|---|---|